Schirner
Verlag

Gerhard Schrabal

KUSCHEL DICH GLÜCKLICH!

DIE HEILENDE ENERGIE VON KUSCHELPARTYS

Schirner
Verlag

ISBN 978-3-8434-1131-8

Gerhard Schrabal:
Kuschel dich glücklich!
Die heilende Energie
von Kuschelpartys
© 2014 Schirner Verlag, Darmstadt

Umschlag: Silja Bernspitz, Schirner,
unter Verwendung von # 11422710
(Natalia Rashevskaya), # 20282382
(Hans-Jürgen Krahl) und # 33532398
(panco), www.fotolia.com
Satz: Simone Fleck & Katja Hiller, Schirner
Zusätzliches Motiv: # 20282381 (Hans-
Jürgen Krahl), www.fotolia.com
Redaktion: Bastian Rittinghaus, Schirner
Printed by: ren medien, Filderstadt,
Germany

www.schirner.com

1. Auflage Januar 2014

Dies ist ein Buch über das Glücklichsein.
Es soll dir einen Weg dorthin zeigen.

Wenn du magst,
kannst du jetzt sofort damit beginnen.

INHALT

Wo zwei oder drei in meinem Namen
versammelt sind,
da bin ich mitten unter ihnen.

Matthäus Kap. 18, Vers 20

VORBEMERKUNGEN

Im Jahre 71 v. Chr. wurden mehrere Tausend Anhänger eines Mannes gekreuzigt, der die römische Gesellschaftsordnung radikal infrage gestellt hatte. Sein Name ist bis heute mit der Idee von Freiheit und Gleichheit aller Menschen verbunden: Spartacus.

Damit relativiert sich das Schicksal eines anderen Mannes, der ca. 100 Jahre später ans Kreuz genagelt wurde. Sein Name steht für eine aus heutiger Sicht noch viel revolutionärere Idee: die Nächstenliebe.

Für uns sind Freiheit und Gleichheit aller Menschen fast schon selbstverständlich. Aber die Idee, dass wir jeden unserer Mitmenschen ebenso lieben wie uns selbst, ist bis heute noch weit von ihrer Verwirklichung entfernt. Was vielleicht auch daran liegt, dass wir uns selbst nicht wirklich lieben können. Weil wir das nie gelernt haben und weil das in unserer Gesellschaft auch nicht anerkannt wird.

Wie können wir unter diesen Umständen mit anderen Menschen gemeinsam glücklich sein? Mit Menschen, die wir kennen – und erst recht mit Menschen, die wir noch nicht kennen? Ist das überhaupt möglich? Das sind einige der Fragen, die das vorliegende Buch beleuchten und beantworten will.

Die Neuzeit hat uns Mitteleuropäer mit einer Vielzahl von Errungenschaften beschenkt. Der durch die Aufklärung ermöglichte Fortschritt hat in kürzester Zeit Krankheiten, Hunger und Mangel besiegt, hat uns Bildung und Wohlstand gebracht und damit große persönliche Freiheit und Sicherheit. Aber er hat uns auch voneinander entfremdet.

Unser Körper und unsere Gefühlswelt haben mit dieser Entwicklungsgeschwindigkeit nicht Schritt gehalten. Im Grunde unseres Herzens leben wir immer noch in der Steinzeit und sehnen uns danach, am Ende des Tages in einer Horde zusammenzuliegen, gemeinsam zu entspannen, uns gegenseitig die Läuse aus dem Fell zu zupfen, Wärme, Geborgenheit, Zusammengehörigkeit und sanfte Berührungen zu spüren.

Sexualität, Paarbeziehung, Kleinfamilie, selbst wenn wir sie haben – und viele haben sie nicht –, sind dafür kein vollständiger Ersatz.

Nähe, körperliche Berührung, Kuscheln: Das ist in unserer Gesellschaft oft nur in Familie und Partnerschaft denkbar, und manchmal auch dort nicht. Wenn, dann ist es bei Erwachsenen fast immer und fast zwangsweise mit Sexualität verknüpft. Wer Single ist, ob notgedrungen oder freiwillig, oder wer einen Partner hat, der nicht mitkuschelt, dessen Bedürfnisse bleiben unbefriedigt. Kein Wunder, dass Haustiere so hoch im Kurs stehen.

Viele der Älteren unter uns haben als Säugling die Erfahrung verinnerlicht, von der Mutter getrennt zu werden und allein zu sein unter vielen anderen Säuglingen, die alle aus Leibeskräften schreien. Diese Erfahrung prägt unsere Gesellschaft noch immer. Jeder leidet für sich und schreit sein Leid in die Welt hinaus – natürlich streng im Rahmen der gesellschaftlichen Konventionen. Wenn wir aber genau hinhören, sind die Hilferufe, die unserer Mitmenschen und unsere eigenen, nicht zu überhören.

Der weggelegte Säugling, der in vielen von uns immer noch schreit, hat eine ganz klare Vorstellung von Glückseligkeit: Nähe, Wärme, Körperkontakt, sanfte Berührungen, Angenommensein. Mit einem Wort: Er will kuscheln. Oder besser: gekuschelt werden.

Wir alle wollen glücklich sein. Aber tief im Inneren spüren wir, dass uns etwas fehlt. Dass da etwas ist, was uns davon abhält. Psychologen, Soziologen, erleuchtete Esoteriker – sie alle haben vielfältige Erklärungen hierfür, die uns aber nicht wirklich weiterhelfen. Obwohl einige wohl auf der richtigen Spur sind: Sie sprechen von »Trennung« als der wahren Ursache und bieten auf dieser Basis mehr oder weniger komplizierte Lösungsvorschläge an.

Aber vielleicht ist ja alles viel einfacher. Vielleicht müssen wir gar nicht so viel tun, um das Gefühl der Trennung zu überwinden, und es genügt, ganz konkret die Erfahrung zu machen, nicht getrennt zu sein, angenommen zu sein, dazuzugehören und sanft berührt zu werden – und das hinreichend lange, hinreichend intensiv und hinreichend oft.

Die Neurobiologie konnte in den letzten Jahren zeigen, dass sich auch im Gehirn eines Erwachsenen noch neue neuronale Verschaltungen bilden können. Wir können Erfahrungen quasi »nachholen« oder »umprogrammieren«. Auch diverse Therapierichtungen berichten von der Möglichkeit, grundlegende und dauerhafte Veränderungen mit einfachen Mitteln zu bewirken.

In diesem Buch stelle ich Ihnen die vermutlich einfachste Möglichkeit vor. Sie beruht auf einem Phänomen, das ich, gemeinsam mit anderen, erst vor einigen Jahren selbst entdeckt habe. Lassen Sie sich überraschen – und berühren!

DANKSAGUNG

Die Entstehung dieses Buches wurde inspiriert und unterstützt von Frau Dipl.-Biol. Rosi Döbner. Hierfür, und für die jahrelange konstruktive Zusammenarbeit, möchte ich mich an dieser Stelle bedanken.

VORWORT VON
MARIANNE SCHERER

Marianne Scherer ist freie Journalistin und Autorin in München. Sie hat die Entstehung dieses Buches über zwei Jahre hinweg auf dankenswerte Weise unterstützt. Mehr von ihr können Sie auf Seite 222 ff. lesen.

Das Bedürfnis nach Zuwendung und Liebe ist mindestens so alt wie die Menschheit selbst. Und genauso lange kann dieser Bedarf nicht immer befriedigend gedeckt werden, denn man ist dabei stets von anderen Menschen und deren Gunst abhängig.

In Deutschland leben der Statistik zufolge immer mehr Singles, und die Tendenz ist steigend. Manche Singles führen ihren Lebensstil aus Überzeugung, doch die Mehrzahl erlebt das Single-Dasein eher unfreiwillig und ist auf der Suche nach einem geeigneten Partner bzw. einer geeigneten Partnerin. Wird man fündig, ist das Problem von mangelnder Nähe und Zuwendung gelöst, denn die Kuscheleinheiten sind zunächst einmal gesichert. Doch in Partnerschaften kann es kriseln oder sie zerbrechen ganz, und man steht wieder allein da. Wie wird dann der Wunsch nach Nähe und Zuwendung erfüllt? Zum Teil durch Freunde, zum Teil durch Familienmitglieder, die man herzen, umarmen und auch mal küssen kann. Und natürlich auch über Haustiere wie Hund oder Katze, denen man seine Liebe und Fürsorge – oft mangels anderer Gelegenheit – angedeihen lässt.

Die Art der Nähe, die man erleben kann, ist durch gesellschaftliche Konventionen geregelt. Man kuschelt eben nicht mit Fremden, man küsst auch nicht jeden X-Beliebigen, und man kommt anderen körperlich nicht zu nah. Wird aber der in jedem Menschen vorhandene Kuschelwunsch auf Dauer nicht erfüllt, kann es zu psychischen und physischen Störungen kommen. Man kann buchstäblich krank werden, wenn man langfristig Defizite in Sachen Nähe erlebt.

Hier können Kuschelpartys rasche Abhilfe schaffen. Die revolutionäre Erfindung dieser Partys – die erste fand 2004 in New York statt – hat etwas verändert. Denn durch diese Partys kann das tiefe menschliche Bedürfnis nach Nähe, Zuwendung und Berührung auf unkonventionelle Weise befriedigt werden. Der springende Punkt dabei ist, dass bei dieser Art der Zusammenkunft Kuscheln und körperliche Nähe auch außerhalb von Partnerschaft, Familie und engstem Freundeskreis möglich sind, und zwar ohne weitergehende Verpflichtungen, etwa sexueller Art. Man kann daran teilnehmen und wieder gehen, ganz anonym, wenn man das so will. Das ist ein völlig neues und großartiges Angebot in unserer modernen Gesellschaft, in der immer mehr Menschen – und das in jeder Altersgruppe – vereinsamen. Natürlich stellt diese Form der Annäherung für die meisten Menschen zunächst einmal eine große Herausforderung dar, da bestehende Tabus gebrochen werden müssen und eine Menge Vorurteile zu überwinden sind. Ist dies aber erst einmal geschehen, ist die Freude und Erleichterung darüber groß, dass körperliche und seelische Nähe in diesem geschützten Rahmen möglich ist. Das zeigt die Praxis und die immer größer werdende Beliebtheit von Kuschelpartys.

PERSÖNLICHES VORWORT
DES AUTORS

In unserem tiefsten Herzen wünschen wir uns Nähe zu anderen Menschen. Wir hungern nach dem Gefühl des Angenommenseins, dürsten nach Zugehörigkeit und sehnen uns nach körperlichem Kontakt, danach, zu streicheln und gestreichelt zu werden.

Gleichzeitig haben wir Angst vor dieser zwischenmenschlichen Nähe. Wir haben nie wirklich gelernt, damit und den Gefühlen umzugehen, die aus ihr resultieren. Vielleicht sind wir auch gedemütigt und verletzt worden, als wir uns das letzte Mal auf Nähe eingelassen haben.

Auf jeden Fall wünschen wir uns und brauchen wir ein Gefühl von Sicherheit, einen sicheren Rahmen, um uns auf das »Abenteuer Nähe« einzulassen. Dieser Rahmen wird traditionell von Familie und Partnerschaft zur Verfügung gestellt. Außerhalb dieses Rahmens ist zwischenmenschliche Nähe in unserer Gesellschaft nicht vorgesehen.

Für viele Singles, insbesondere jenseits der 30 oder 40, stellt das ein Problem dar. Aber auch in vielen Partnerschaften kommt nach Jahren des Zusammenlebens oft keine echte Nähe mehr auf. Selbst Menschen mit einem reichen Sexualleben wünschen sich manchmal, einfach nur gehalten und angenommen zu werden.

Um dieses von vielen Menschen immer stärker empfundene Bedürfnis nach Nähe – außerhalb von Familie und Partnerschaft – geht es in diesem Buch. Und es geht um Möglichkeiten, mit diesem Bedürfnis bewusst umzugehen, die Fähigkeiten im Umgang mit Nähe zu entwickeln, neue Erfahrungen zu machen und damit das eigene Leben zu bereichern.

Dieses Buch zeigt Ihnen eine neuartige Möglichkeit auf, Nähe mit bisher fremden Menschen zuzulassen, in einem sicheren Rahmen damit zu experimentieren und sie in einer liebevollen und achtsamen Atmosphäre auf bisher vielleicht unvorstellbar intensive Art und Weise zu erleben.

Es geht auf die möglichen Schwierigkeiten und auf die unglaublichen Möglichkeiten ein, die mit der Nutzung dieses innovativen Rahmens verbunden sind. Und es möchte Ihnen Mut machen, die gesellschaftlichen Konventionen zu überschreiten, sich dem »Abenteuer Nähe« zu stellen und sich selbst und die Welt neu zu entdecken.

Wenn wir lernen, uns auf Nähe einzulassen, und den Umgang damit in einer wundervollen Atmosphäre des Angenommenseins üben können, kann sich unser Leben dramatisch verändern. Das ist meine persönliche Erfahrung und die Botschaft, die ich in diesem Buch mit Ihnen teilen will.

Worin besteht also die wahre
Aufgabe des Menschen?

Sicherlich ist es die eigentliche Aufgabe des Menschen,
die Wahrheit, Gott, zu entdecken, zu lieben und nicht,
sich in isolierenden Aktivitäten zu verlieren.

Gerade in der Entdeckung des Wahren
findet sich Liebe, und diese Liebe in
den zwischenmenschlichen Beziehungen
wird eine andere Zivilisation,
eine neue Welt schaffen.

Anonymus

ÜBERBLICK

Zum Thema Glücklichsein gibt es bereits zahlreiche Veröffentlichungen. Meist handelt es sich dabei um wissenschaftliche Untersuchungen ökonomischer oder soziologischer Art. Oder aber um psychologische Ratgeber, die einen Glückszustand durch Änderung äußerer Lebensumstände oder der inneren Einstellung bewirken wollen.

Dieses Buch beschreibt einen einfachen, direkten Weg zu Glück und Zufriedenheit – indem die elementaren menschlichen Grundbedürfnisse gestillt werden, die in unserer Gesellschaft ansonsten leider häufig zu kurz kommen: zärtliche Berührungen, liebevolles Angenommensein, Zugehörigkeit und Geborgenheit ohne Vorbedingungen sowie vollständige geistige, körperliche und seelische Entspannung. Dadurch, dass die Sehnsucht danach gemeinsam in einer sich spontan bildenden und ansonsten anonymen Gruppe erfüllt wird, wird eine bisher kaum vorstellbare Innigkeit und glückliche Zufriedenheit möglich – und das in kürzester Zeit, ohne große Anstrengungen und ohne daraus resultierende Verpflichtungen.

Das Phänomen, das dies ermöglicht, ist bisher nur in Insiderkreisen bekannt und wird dort als »Kuschelenergie« bezeichnet. Es wurde im Rahmen von Kuschelpartys entdeckt, wo es immer wieder auftritt. Diese Veranstaltungen werden seit einigen Jahren immer populärer, sind aber der breiten Öffentlichkeit noch weithin unbekannt. Kuscheln ist hierbei nicht in einem sexuellen, sondern in einem sozialen Kontext zu verstehen, als Reminiszenz an das steinzeitliche Zusammenliegen in einer Horde. Die Möglichkeiten, die sich aus der Entdeckung dieses Phänomens ergeben, könnten revolutionär sein – sowohl in Bezug auf das individuelle Leben des Einzelnen als auch, was die weitere Entwicklung unserer Gesellschaft betrifft.

In den Teilen 1 bis 3 gibt dieses Buch einen Überblick über die wissenschaftlichen Grundlagen, das Phänomen selbst und das Umfeld seiner Entdeckung. Wir beginnen mit der physiologischen Basis des Glücklichseins und gelangen von dort über eine ausführliche Beschreibung des Themas Kuschelparty zu der dort entstehenden »Kuschelenergie«. Dabei sind einige der Kapitel und Abschnitte eher theoretisch und andere eher praktisch orientiert. In den Teilen 4 bis 6 kommen dann Teilnehmer/-innen und Veranstaltungsleiter/-innen mit ihren persönlichen Erfahrungen sowie die Presse als außenstehender Beobachter zu Wort.

Sie, lieber Leser bzw. liebe Leserin, sind herzlich eingeladen, das Sie Interessierende in der für Sie sinnvollen Reihenfolge aus dem vorliegenden Angebot herauszupicken. Der strukturierte Aufbau und das ausführliche Inhaltsverzeichnis können Sie dabei unterstützen. So kann es z. B. durchaus sinnvoll sein, mit dem letzten Teil zu beginnen und sich dann nach Lust und Laune durch die restlichen Teile zu lesen. Oder Sie können die vorgegebene Reihenfolge einhalten und weniger interessante Abschnitte einfach überspringen. Betrachten Sie das Lesen als eine praktische Übung für Ihr Verhalten: Achten Sie auf Ihre Intuition, folgen Sie Ihrer Neugier, und vergessen Sie nicht, dass es in diesem Buch darum geht, glücklich zu sein.

So können Sie ganz praktisch einen ersten Einblick gewinnen in eine bisher nur wenigen zugängliche Welt, in der zum Teil völlig fremde Menschen zusammenkommen, um einfach gemeinsam glücklich zu sein. Spätestens am Ende dieses Buches sollten Sie in der Lage sein, selbst zu entscheiden, ob Sie eventuell auch den nächsten Schritt tun wollen: einfach auf eine Kuschelparty gehen und mitmachen.

We hold these truths to be self-evident,

that all men are created equal,

that they are endowed by their Creator

with certain unalienable Rights,

that among these are Life,

Liberty and the pursuit of Happiness.

US Declaration of Independence
July 4th, 1776

Teil 1:

GLÜCKLICH SEIN –
WIE GEHT DAS EIGENTLICH?

Prolog

Jeder Mensch strebt auf die eine oder andere Weise nach Glück – mit sehr unterschiedlichem Erfolg.

Das Streben nach Glück steht als hervorgehobenes individuelles Grundrecht schon in der amerikanischen Unabhängigkeitserklärung. Wenn wir aber die Menschen in unserer Umwelt betrachten, wenn wir gar bei uns selbst nach innen spüren, so scheinen wir in den über 230 Jahren, die seither vergangen sind, nicht viel Fortschritt gemacht zu haben. Woran liegt das?

Zum einen natürlich daran, dass dieses Grundrecht erst seit relativ kurzer Zeit wirklich allen Menschen (und nicht nur Männern aus der weißen Oberschicht) zugestanden wird. Möglicherweise liegt es aber auch daran, dass das Streben nach Glück in unserer Gesellschaft zuvorderst als individuelles Streben verstanden wird: Jeder Einzelne strebt für sich und unabhängig von anderen nach dem Glück (»Jeder ist seines Glückes Schmied«). Äußerstenfalls wird Glück in einer Paarbeziehung oder im Rahmen einer Familie angestrebt. Aber auch dort scheint es vielen nicht wirklich zu gelingen.

Unsere Beziehungen sind dementsprechend nach dem Vorbild einer marktorientierten kapitalistischen Gesellschaft organisiert – und damit auf paarweisen Austausch angelegt, egal ob es dabei um Geld oder z. B. um Gefühle geht: Ich gebe, um etwas zu bekommen. Auch dort, wo Menschen sich in be- oder neu entstehende Gruppen begeben, um ihr Glück zu finden, geht es häufig um einen geregelten Austausch, der z. B. über eine mehr oder weniger formale Zugehörigkeit geregelt wird: Welche Vorleistungen muss ich erbringen, um dazuzugehören, und welche Leistungen kann ich dann erwarten? Auch hierbei geht es nicht nur um finanzielle oder materielle Aspekte. Es geht auch um die Frage der persönlichen Anpassung, z. B. um ein bestimmtes Glaubensbekenntnis oder um gemeinsamen Alkoholkonsum, und um die emotionale Belohnung, die daraus entspringt, sich dazugehörig fühlen zu dürfen.

In diesem Buch wollen wir einen neuen Weg kennenlernen, einen Weg zum gemeinsamen Glücklichsein (fast) ohne Vorleistungen!

Gefühltes Glück

Ich war z.B. zwischen Mallorca und Cannes auf seiner Yacht, ..., und er schickte sein Privatflugzeug nach Mallorca, sodass ich zurück nach L.A. fliegen konnte, um vorzusprechen ... Im ersten Jahr habe ich vor Staunen meinen Mund nicht zubekommen. Aber danach fühlte es sich an, als sei es normal. Und bald wurde ich ziemlich schnippisch, wenn der Hubschrauber nicht pünktlich da war.

US-Starlet Melissa Prophet
über ihre Zeit mit dem Multi-Milliardär Adnan Khoshogi, um 1990

Glücklich zu sein gilt allgemein als eine Frage der Voraussetzungen. Die meisten Menschen glauben, sie wären glücklich, wenn nur bestimmte Bedingungen erfüllt wären: Wenn sie im Lotto gewännen, wenn sie einen besseren Job hätten, einen bestimmten Partner oder was auch immer, dann würden sie glücklich sein.

Wer je die Erfahrung machen durfte, dass alle oder doch die meisten seiner Wünsche in Erfüllung gingen, der weiß, dass dem nicht so ist. Vielleicht folgt eine kurze Phase der Euphorie, aber nach kurzer Zeit fühlt es sich wieder fast genauso an wie vorher. Das liegt daran, dass sich unser

Fühlen nicht verändert hat, nur die äußeren Umstände. Dies liefert einen ersten Hinweis, wo ein möglicher Ansatzpunkt zu wirklicher Veränderung liegen könnte: im Fühlen und Spüren, beim Berühren und Berührtwerden. Dazu passt, was Menschen in den üblichen Paarbeziehungen suchen: körperliche Berührung, emotionale Nähe und das Gefühl von Zusammengehörigkeit. (Für viele gehört hierzu auch Sexualität. Auf dieses Thema wollen wir hier aber nicht weiter eingehen. Warum das so ist, wird spätestens im Teil 3 offensichtlich werden, wenn wir uns der »Kuschelenergie« zuwenden.)

Diese drei Gefühle von Berührung, Nähe und Zusammengehörigkeit werden uns auf der vor uns liegenden Entdeckungsreise immer wieder begegnen. Wir beginnen beim Fühlen in seiner elementarsten Form: dem Spüren körperlicher Berührung.

Berühren und berührt werden

Das subjektive Bedürfnis nach Berührung

Der Mensch ist aus biologischer Sicht ein Säugetier. Körperkontakt und Berührungen gehören zu seinen Grundbedürfnissen. Für das kleine Kind, das wir alle einmal waren, sind sie überlebenswichtig. Aber auch viele Erwachsene sehnen sich nach Körperkontakt, nach der Berührung nackter Haut.

In unserer Kultur wird dieses Bedürfnis, wenn überhaupt, nur in Familie und Partnerschaft ausgelebt. Andererseits wächst in Deutschland die Zahl der Singles, der Geschiedenen, der Alleinerziehenden und der allein lebenden Alten ständig. Letztere sind besonders betroffen von Einsamkeit und Mangel an Berührungen. Viele von ihnen leben notgedrungen allein oder in Heimen und haben große Schwierigkeiten, menschlichen Kontakt, Aufmerksamkeit und eben auch körperliche Berührungen zu erhalten. Sie leiden stumm, weil sie sich mit ihrer Situation abgefunden haben oder sie vielleicht sogar als normal empfinden. Oder sie nehmen unbewusst unser Gesundheitssystem in Anspruch, um ein Mindestmaß an Zuwendung zu erhalten.

Aber auch in anderen Altersgruppen sind diese unerfüllten Bedürfnisse weitverbreitet. Selbst Menschen mit lebhaftem Sexualleben können ein Defizit an liebevoller Berührung, an Angenommensein und Zugehörigkeit empfinden. Manchmal ist es sogar so, dass eben dieses Sexualleben dazu dient, den empfundenen Mangel zu kompensieren. Was aber nicht gelingt, weil es sich um verschiedene Bedürfnisse handelt. Daneben gibt es natürlich noch jede Menge anderer Ersatzhandlungen. Wenn Sie kurz darüber nachdenken, fallen Ihnen spontan vermutlich mindestens drei ein.[1]

Leider ist keine davon geeignet, Sie oder einen anderen Menschen wirklich glücklich zu machen.

---

1 z.B. übermäßiges Essen sowie Alkohol-, Nikotin- und sonstiger Drogenkonsum

Physiologische Aspekte

Zwischenmenschliche Körperkontakte haben die Bedeutung eines
Lebensmittels, insbesondere für kleine Kinder. Ohne liebevolle Berührung verhungert der Mensch. …
Wir müssen berührt werden, um uns selbst und andere lieben zu
können.

Privatdozent Dr. habil. Martin Grunwald
Gründer und Leiter des Haptik-Forschungslabors der Universität Leipzig

Die Haut ist eines der größten und wichtigsten Organe des Menschen.
Neben der physischen Abgrenzung zur Umwelt vermittelt sie auch zahlreiche Sinneseindrücke, mit denen wir unsere Umwelt erspüren und mit
ihr in Kontakt treten.

Die positiven Wirkungen von angenehmen, liebevollen Berührungen dieser »fühlenden Hülle« auf den gesamten Körper, auf seine Gesunderhal-
tung, und auch auf die seelische Gesundheit sind inzwischen recht gut
erforscht. Allerdings sind die physiologischen Zusammenhänge ziemlich
kompliziert – und für unser Thema im Detail gar nicht relevant. Wir wollen
daher an dieser Stelle die wesentlichen Erkenntnisse nur kurz zusammen-
fassen:

Eine wesentliche Wirkung von Berührungen ist die Verminderung so-
genannter Stresshormone. Das sind körpereigene Botenstoffe, die bei
empfundener Bedrohung den Körper auf eine Kampf- oder Fluchtreak-
tion vorbereiten. Neben anderen Prozessen wird vermehrt Blutzucker
bereitgestellt, das Immunsystem heruntergefahren, Anspannung und
Wachsamkeit werden erhöht und die Schmerzwahrnehmung wird reduziert. Wenn wir uns also bedroht fühlen, werden wir durch die Wirkung
dieser Stresshormone energiegeladen und wachsam. Unsere Wahrneh-

mung fokussiert sich auf das unmittelbare Überleben. Gleichzeitig werden wir unempfindlich für eventuell auftretende Schmerzen, um in unseren Handlungen nicht behindert zu werden. All dies kann in einer echten Gefahrensituation, wie sie unsere Vorfahren regelmäßig erlebten, absolut lebenswichtig sein.

Auch in unserer modernen Umwelt gibt es hin und wieder noch Situationen, die eine solche körperliche Reaktion rechtfertigen. Meist sind wir heute aber ganz anderen, meist psychischen und länger anhaltenden Belastungen ausgesetzt. Die Bedrohung wird zwar empfunden, ist aber nicht real: Die früher lebenswichtige Stressreaktion läuft ins Leere. Der Körper geht in Bereitschaft, aber der Kampf oder die Flucht findet nicht statt. Die Stresshormone zirkulieren permanent im Körper, und das bleibt nicht ohne Folgen für die körperliche und seelische Gesundheit. Viele der modernen Zivilisationskrankheiten können auf die eine oder andere Weise auf andauernde Stressbelastung zurückgeführt werden, vom Übergewicht über Herz-Kreislauf-Probleme bis zum Burn-out. Die Liste der stressbedingten Erkrankungen ist aber zu lang, um hier näher darauf einzugehen.

Sportliche oder sexuelle Aktivität, ausreichend Schlaf und auch bewusste Entspannung, z. B. durch Meditation, können dabei helfen, die Konzentration der Stresshormone im Blut zu reduzieren. Als ganz besonders effektiv aber gelten angenehme körperliche Berührungen.

Die zweite wesentliche Wirkung ist die Ausschüttung von sogenannten Wohlfühl- oder Glückshormonen. Hierzu zählen u.a. Endorphine, Dopamin, Serotonin und Oxytocin. Sie werden so genannt, weil sie entspannend wirken und tatsächlich Glücksgefühle hervorrufen. Wegen der mit Rauschgiften vergleichbaren Wirkung werden sie auch als körpereigene (endogene) Drogen bezeichnet. Im Gegensatz zu exogenen, d.h. körperfremden Drogen sind sie aber nicht gesundheitsschädlich, sondern im Gegenteil gesundheitsfördernd. Sie stärken das Immunsystem und fördern allgemein das gesundheitliche Wohlbefinden. Bei Kindern fördern sie die körperliche und geistige Entwicklung. Die vollständige Liste der heilsamen Wirkungen ist auch hier zu lang, um im Detail darauf eingehen zu können. Wir halten daher nur fest, dass wir hier – ganz allgemein – die physiologische Grundlage des Glücklichseins gefunden haben.

Besondere Erwähnung verdient das als »Kuschelhormon« oder auch als »Beziehungshormon« bezeichnete Oxytocin. Es wird im Hypothalamus gebildet, von der Hypophyse gespeichert und bei Bedarf ausgeschüttet. Dies geschieht in besonders hohen Dosen bei Frauen während des Stillens und während des Orgasmus. Geringere Dosen werden bei zärtlicher Berührung (Streicheln, Umarmen, etc.) freigesetzt. Oxytocin stärkt auf diese Weise sowohl die Paarbindung als auch die Mutter-Kind-Bindung. Auch unter völlig Fremden fördert es Vertrauen und Beziehungsbereitschaft. Bei Konflikten wirkt es deeskalierend. In Gruppen fördert es den Zusammenhalt.

Oxytocin löst ein Gefühl der Behaglichkeit und Geborgenheit aus und wirkt euphorisierend und beruhigend. Der Blutdruck und die Herzfrequenz werden gesenkt, ebenso die Konzentration von Stresshormonen im Blut. Zudem löst es bei Schwangeren durch Kontraktion der Gebärmutter die Geburtswehen aus und steuert die Milchproduktion in den Brustdrüsen.

Berührungen, Glückshormone und vor allem das Oxytocin sind vermutlich die physiologische Basis des Phänomens »Kuschelenergie«. Aber das ist natürlich noch nicht die ganze Geschichte – der Mensch ist ja nicht nur ein körperliches Wesen.

Entwicklungspsychologische Aspekte

Berührt, gestreichelt und massiert zu werden, das ist Nahrung für das Kind. Nahrung, die genauso wichtig ist wie Mineralien, Vitamine, und Proteine. Nahrung, die Liebe ist. Wenn ein Kind sie entbehren muss, will es lieber sterben. Und nicht selten stirbt es wirklich.

Frederick Leboyer, »Vater der sanften Geburtsmedizin«

Auf den Kinderstationen in den Krankenhäusern waren Besuchszeiten von dreimal zwei Stunden wöchentlich die Regel, und wer meinte, sein krankes Kind brauche mehr Zuwendung, der leistete der Verweichlichung Vorschub.

Elke Schmitter in Der Spiegel 06/13 über die Zustände in Deutschland um 1965[2]

Der Tastsinn ist die Basis unserer Selbst- und Welterfahrung. Er vermittelt uns sinnlich die Trennung zwischen uns und dem, was außerhalb unseres Körpers existiert. Durch ihn nehmen wir nicht nur unsere Umwelt wahr, sondern auch zugleich uns selbst. Er stiftet die Relation zwischen uns und der Welt, in der wir leben.

Privatdozent Dr. habil. Martin Grunwald
Gründer und Leiter des Haptik-Forschungslabors der Universität Leipzig

---

2 DER SPIEGEL 6/2013, Seite 129 ff.

Körperkontakt ist die natürlichste, tiefste und direkteste Kommunikationsform zwischen Menschen. Und das international, über alle Sprach- und Rassenbarrieren hinweg. Unser Körper und unsere Seele empfangen durch sanfte Berührung lebensnotwendige Signale von Sicherheit, Wärme und Geborgenheit.

Bei Neugeborenen ist der Hautkontakt mit der Mutter ganz besonders wichtig. Er gibt Ihnen ein Gefühl von Einheit, Geborgenheit und Sicherheit für das ganze spätere Leben. Kinder, die gleich nach der Geburt Hautkontakt mit dem Körper der Mutter haben und auch weiterhin viel Zuwendung und Liebe durch Berührungen und Streicheln erfahren, entwickeln sich schneller und gesünder. Sie sind lebendiger und wissbegieriger, lernen schneller und bauen vor allem ein gesundes Selbstvertrauen auf – aber auch Wertschätzung für andere. Anhand einer amerikanischen Studie konnte man nachweisen, dass sich Frühgeburten durch ständigen Körperkontakt mit der Mutter weitaus besser entwickeln als andere, die nur mit medizinischen Schläuchen versehen im »Brutkasten« überleben mussten.

aus: Berührung – Nahrung für die Seele, von Günter Griebl[3]

Über den Tastsinn erhält der menschliche Embryo seine allerersten Sinneswahrnehmungen. Bereits in der achten Schwangerschaftswoche, mit einer Größe von ca. 2,5 cm, beginnt er, seine Umgebung und sich selbst zu ertasten. Das Kleinkind steckt später alles in den Mund, weil es mit Lippen und Zunge am besten spüren kann. Und der Erwachsene spricht völlig zu Recht von »begreifen« und »erfassen«, wenn er »verstehen« meint. Für den Menschen ist der Tastsinn wesentlich bedeutsamer, als wir gemeinhin glauben.

---

3 veröffentlicht in der Zeitschrift »BIO – Gesundheit für Körper, Geist und Seele« aus dem BIO Ritter Verlag (www.biomagazin.de), Heft 03/99 vom Juni/Juli 99

Neuere Forschungen haben gezeigt, dass, wenn werdende Mütter sanft berührt und gestreichelt werden, sich dies günstig auf die spätere Mutter-Kind-Bindung auswirkt. Hingegen wirkt sich Stress negativ aus. Der entspannende Besuch einer Kuschelparty ist also gerade für schwangere Frauen sehr zu empfehlen, egal ob mit oder ohne Partner. Die Erfahrung, wie sie zusammen mit dem noch ungeborenen Kind in das große Kuschel-Rudel aufgenommen wird, sollte sich jedenfalls keine werdende Mutter entgehen lassen.

Nach der Geburt ist direkter Hautkontakt entscheidend für die Entwicklung des Neugeborenen. Zahlreiche Studien belegen den positiven Einfluss von Berührungen und die möglichen Schäden, die aus einem Mangel daran resultieren können. Da seine anderen Sinne noch nicht vollständig ausgeprägt sind, ist für einen Säugling der Tastsinn von ganz zentraler Bedeutung: zur Wahrnehmung der Umgebung, aber auch als Mittel der Kommunikation. Beim Erwachsenen ist er durch die »wichtigeren« Kanäle Hören, Sehen und Denken überlagert. Wenn diese aber zur Ruhe kommen, dann kann er wieder ganz bewusst wahrgenommen werden. Umgekehrt kann ein bewusstes Spüren auch zu Beruhigung und Entspannung führen. Eine Hand zu halten oder sanft umarmt zu werden, kann bei Stress und Schock Wunder wirken. Wir bekommen wieder einen ganz konkreten Bezug zum Hier und Jetzt.

Eine angenehme sanfte Berührung erinnert unseren Körper auch an sein Dasein als zufriedener Säugling. Diese unbewusste Assoziation (und das damit verbundene wohlige Gefühl) ist ein weiteres Element, das beim Zustandekommen der »Kuschelenergie« eine wichtige Rolle spielt.

Berührung und Sexualität

Ausgelöst durch ein großes Berührungsdefizit in unserer unterkühlten Gesellschaft wird eine liebevolle Berührung oft als Aufforderung zum Sex missverstanden und löst statt einem Wohlgefühl innere Unruhe oder manchmal sogar Panik aus. Die Folge ist möglicherweise ein Kurzschluss unserer Gefühle. Zu viel angestaute Bedürfnisse werden plötzlich freigesetzt und können dann oft nicht mehr kontrolliert werden. Es ist, als würde in unserer Psyche eine Staumauer brechen oder der Blitz einschlagen – mit entsprechenden Folgen oder sogar Fehlhandlungen und gefühlsmäßigen Schäden für uns und den anderen. Ein Rückzug nach innen und der erneute »Berührungsschutz« nach außen sind dann die unheilsamen Folgen. Ein Teufelskreis, aus dem es nur einen einzigen Weg gibt:
Berührungen üben, üben, üben ...!

aus: Berührung – Nahrung für die Seele, von Günter Griebl, BIO 03/99[4]

In Deutschland wird körperliche Berührung unter Erwachsenen nahezu ausschließlich mit Sexualität assoziiert. Man gibt sich die Hand – oder man geht zusammen ins Bett. Dazwischen gibt es nicht viel »Spielraum«. Insbesondere unter Männern wird Körperkontakt vermieden, hauptsächlich aus Angst, als homosexuell zu gelten. Und Frauen sind Männern gegenüber häufig betont zurückhaltend, um keinen »falschen Eindruck« zu erwecken. Selbst innerhalb stabiler Beziehungen gelingt es häufig nicht, sich einfach nur so zu berühren und den Bedarf an ganz normalen Streicheleinheiten zu decken. Kuscheln ohne Sex ist also für uns Deutsche kaum vorstellbar. Und so befinden wir uns in der paradoxen Situation,

---

4 in: BIO – Gesundheit für Körper, Geist und Seele. BIO Ritter Verlag (www.biomagazin.de), Heft 03/99 vom Juni/Juli 99

dass, während Sex in unserer Gesellschaft langsam enttabuisiert wird, »einfach nur kuscheln« immer noch ein Tabu ist.

Wir erkaufen uns daher Berührung, indem wir Hunde oder Katzen halten, zur Massage oder zum Therapeuten gehen. Die stetig wachsende Nachfrage nach sogenannten Wellness-, Tantra- und sonstigen körperorientierten Seminaren hat seine Ursache vermutlich ebenfalls in der allgemeinen latenten Sehnsucht nach Berührungen. Für viele Menschen erscheint hingegen der Verzicht auf dieses Grundbedürfnis so selbstverständlich, dass sie sich eine Erfüllung ihrer eigenen Bedürfnisse gar nicht mehr vorstellen können bzw. wollen.

Die Verbindung mit Sexualität führt auch dazu, dass körperliche Berührung mit Besitz assoziiert wird. Hände weg, meine Frau/meinen Mann berühre nur ich und sonst niemand. Und umgekehrt: Wenn du Körperkontakt mit einem anderen Menschen zulässt, dann berühre ich dich nicht mehr. Die sexuelle Exklusivität einer intimen Beziehung wird auf jede Art von körperlichem, und häufig auch emotionalem Kontakt übertragen. Dadurch verarmen wir in vielerlei Hinsicht, sowohl als Individuum wie auch als Gesellschaft.

Eine Frage zum Nachdenken: Wenn wir davon ausgehen, dass Berührung ein Grundbedürfnis ist, dass sie, wie wir gesehen haben, sogar heilende Wirkung haben kann, ist der bewusste Verzicht auf eine liebevolle Umarmung dann nicht unterlassene Hilfeleistung?

Gesellschaftliche Aspekte

Die Einstellung zu körperlicher Nähe und Berührung ist kulturell definiert. In arabischen Ländern wird z. B. öffentliches Händchenhalten zwischen Männern als völlig normal empfunden. Zwischengeschlechtliche Berührung ist hingegen vollständig tabu. In den USA ist Körperkontakt ganz allgemein noch verpönter als bei uns. In anderen Ländern wird hingegen wesentlich mehr körperliche Berührung zugelassen.

Diese unterschiedlichen sozialen Normen sind Ausdruck verschiedener, vor allem auch religiöser Traditionen. In den arabischen Ländern ist dies der Islam und in den USA u.a. der Puritanismus. Im westeuropäischen Kulturkreis hatte das Christentum, insbesondere die römisch-katholische Kirche, maßgeblichen Einfluss.

Es ist noch nicht so lange her, dass im Rahmen der »Heiligen Inquisition« zur Rettung der verlorenen Seelen zu überaus drastischen Mitteln gegriffen wurde. Das gibt es heute zum Glück nicht mehr. Es erklärt aber, warum auch heute noch viele unserer gesellschaftlichen Normen so sind, wie sie sind: Weil Eltern ihre Töchter vor dem Scheiterhaufen – oder später der gesellschaftlichen Ächtung – bewahren wollten, haben sie ihnen die kirchliche Moral im wahrsten Sinne des Wortes eingebleut. Darunter leiden viele Frauen (und ihre Kinder und Kindeskinder) bis heute.

Katholische oder evangelische Kirche, Islam oder Christentum, das macht dabei keinen großen Unterschied. Alle großen westlichen Religionen sind sich in ihren jeweiligen Ausprägungen (z. B. traditionell, fundamentalistisch oder modern) untereinander sehr ähnlich. Sie gehen ja auch auf die gleichen patriarchalischen Wurzeln zurück. Die afghanischen Taliban der Gegenwart z. B. unterscheiden sich nur wenig von den christlichen Eiferern unserer eigenen Vergangenheit. Und die Ereignisse von 09/11 verblassen vor dem Blutbad, das christliche Kreuzfahrer seinerzeit z. B. in Jerusalem angerichtet haben.

Der entscheidende Unterschied liegt zwischen Religion und Aufklärung. Es geht dabei im Wesentlichen um eine entscheidende Frage: Was steht höher – die allgemeinen Menschenrechte oder religiöser Anspruch und kulturelle Traditionen?

Gibt es eine allgemein verbindliche Wahrheit? In irgendeinem Buch? Welches auch nur von einer bestimmten Autorität ausgelegt werden darf? Oder ist jeder Mensch (jeder Mann und jede Frau!) aufgefordert und berechtigt, seine eigene Wahrheit zu suchen, sich frei zu entfalten und sein Leben nach eigenen Vorstellungen zu leben? Findet meine Freiheit ihre Grenzen in der Freiheit der anderen (z. B. meiner Ehefrau, Schwestern und Töchter) oder in traditionellen Vorstellungen (z. B. von der Ehre der Familie oder der Unterordnung unter den Willen des Mannes bzw. der Kirche)?[5]

Die Tradition der Aufklärung ist (gegen heftigen Widerstand der katholischen Kirche) aus der christlichen Tradition heraus entstanden. Ihre Wurzeln liegen aber in der Renaissance und damit letztlich auch im Islam. In einem Islam, der Fortschritt und Toleranz verkörperte zu einer Zeit, als in Westeuropa noch tiefstes Mittelalter herrschte.

Aber natürlich geht es nicht nur um Religion – und auch nicht nur um Berührung. Historisch gesehen ist die Unterdrückung persönlicher Bedürfnisse auch vonseiten des Staates und der Wirtschaft erwünscht. Wieder sind es liebende Eltern, die für ihre Kinder nur das Beste wollen, die sie auf den »Ernst des Lebens« vorbereiten und entsprechend erziehen (unterstützt von schulischen und anderen Einrichtungen, die ebenfalls ihr

---

5 Wenn man den einschlägigen Darstellungen glauben kann, dann geht (ging) es in den wenigen bekannten matriarchalen Gesellschaften viel mehr als in unseren patriarchalen Kulturen darum, daß es allen Menschen (Frauen, Männern und Kindern) gut geht. Die Liebe und das Glücklichsein sind zentrale Themen des täglichen Lebens, während die Anhäufung von Macht und Reichtum keine Rolle spielt. Vielleicht ist es daher kein Zufall, daß dieses Buch zu einem Zeitpunkt und in einem Umfeld erscheint, wo nach Jahrtausenden des Patriarchats die Gleichberechtigung der Frau nahezu abgeschlossen ist.

Bestes geben). Und manchmal sind sie auch einfach nur überfordert und wollen schlicht ihre Ruhe (d.h. sich selbst unterdrückende, bedürfnisfreie und pflegeleichte Kinder).

Frage: Wie sah das mit Ihrer eigenen Erziehung aus? Welche Einstellung zu Ihrem eigenen Körper wurde Ihnen vermittelt? War Glücklichsein ein wichtiges Ziel Ihrer familiären Erziehung bzw. Ihres schulischen Lehrplans? Und falls Sie Kinder haben: Wie sind Sie als Elternteil mit diesen Themen bisher umgegangen?

Noch eine Frage: Haben Sie als Mensch eigentlich das Recht, glücklich zu sein? Dürfen Sie das? Einfach so? Und welche Rolle darf/soll Ihr Körper dabei spielen?

Und drittens: Müssen Sie eigentlich nicht selbst zuerst glücklich sein, wenn Sie in Zukunft zum Wohlergehen Ihrer Umwelt/Ihrer Familie/Ihrer Kinder beitragen wollen? Sie können schließlich nur das ausstrahlen und weitergeben, was sie leben!

Wenn wir in einer Gesellschaft leben, in der Glück und Erfüllung keine zentrale Rolle spielen, dann liegt der Gedanke nahe, etwas an dieser Gesellschaft zu ändern. Oder zumindest unser eigenes Leben und unser direktes Umfeld zu verändern. Wir werden darauf in Teil 3 noch zurückkommen. Aber jetzt wollen wir uns erst noch weiteren Aspekten des Glücklichseins zuwenden.

Angenommensein

Geborgenheit

Der Mensch ist anthropologisch gesehen ein Herdentier. Er ist darauf angelegt, mit anderen Menschen in einer kleinen Gruppe (Horde) zusammenzuleben. In unserer ursprünglichen Umwelt war die Zugehörigkeit zu einer Gruppe überlebensnotwendig. Diese Geborgenheit, in ihrer stärksten Form empfunden als Angenommensein, ist auch heute noch wichtig für ein intaktes Gefühlsleben und quasi »Balsam für die Seele«.

Bei anderen Herdentieren wie z.B. Hunden ist das sogenannte Kontaktliegen bekannt. Das Rudel legt sich in einer bestimmten Ordnung zusammen, gegebenenfalls halten zwei Tiere Wache, und der Rest döst vor sich hin. Das gemeinsame Zur-Ruhe-Kommen, der Austausch von Körperwärme, das Sich-gegenseitig-Riechen dienen zum einen der Entspannung des einzelnen Tiers, zum anderen dem Zusammenhalt und dem sozialen Frieden innerhalb des Rudels: Ich habe meinen Platz und gehöre dazu.

Ähnliches geschieht auf einer Kuschelparty. Das Leitungsteam »steht Wache« und sorgt für einen sicheren Rahmen. Die Teilnehmer entspannen sich auf der Matte und genießen das Gefühl des Zusammenliegens, der Zugehörigkeit und des bedingungslosen Angenommenseins. In dieser »Gruppenmeditation« entsteht eine »Kuschelenergie«, in der man regelrecht baden kann, ohne selbst einen einzigen Menschen zu berühren.

Gemeinsame Entspannung

Es ist schon lange bekannt, dass Gefühle sich innerhalb einer Gruppe ausbreiten und verstärken können. Ein typisches Beispiel hierfür ist das Entstehen einer Panik.

Bei einer gut angeleiteten Kuschelparty breiten sich das Gefühl des Angenommenseins und die damit einhergehende tiefe Entspannung aus. Dabei verstärken sich beide Stimmungen gegenseitig[6]: Meine eigene Entspannung ermöglicht mir ein tieferes Annehmen dessen, was ist. Und das führt bei mir dann automatisch zu einer noch tieferen Entspannung. Gleichzeitig führt das Gefühl des Angenommenseins bei meiner Umgebung ebenfalls zu einer Entspannung, was wiederum positiv auf mich zurückwirkt.

Aufgrund dieser positiven Rückkopplung kann jeder einzelne Teilnehmer sehr viel schneller und tiefer entspannen, als er das außerhalb dieses Rahmens könnte. Und in der Regel auch sehr viel stärker, als er/sie vorher für möglich gehalten hätte.

Mann-Frau-Begegnung

Ein wesentliches Element menschlichen Zusammenlebens ist die Tendenz zur Paarbildung. Entwicklungsgeschichtlich rührt dies vermutlich daher, dass eine stabile Mann-Frau-Beziehung einen evolutionären Vorteil bietet. Auch heute noch wünschen sich viele Singles einen Partner bzw. eine Partnerin.[7]

---

6 Hierauf gehen wir im Abschnitt »Qualitätssprung durch Resonanz« noch näher ein.
7 Dies hängt möglicherweise auch damit zusammen, dass wir unsere unerfüllten frühkindlichen Bindungsbedürfnisse in einer Mann-Frau-Beziehung auszuleben versuchen.

Klassische Wege der Partnersuche sehen dabei häufig so aus: Aus vermeintlich sicherer Distanz wird anhand äußerer Merkmale überprüft, ob die eigenen Anforderungskriterien erfüllt werden und ob auf der anderen Seite vielleicht ebenfalls Interesse besteht. Auf keinen Fall will man vorschnell Nähe zulassen und sich der Gefahr aussetzen, enttäuscht oder verletzt zu werden. Gesellschaftliche Normen und »schlechte Erfahrungen« schränken sehr stark das ein, was man glaubt, zulassen zu können. Im Erfolgsfall wird dann sukzessive die Distanz reduziert, und am Ende landet man im Bett. Wie es sich anfühlt, mit dem anderen Menschen zusammen zu SEIN, das wird, wenn überhaupt, erst sehr viel später bewusst wahrgenommen.

Mögliche Enttäuschungen sind so vorprogrammiert, während gleichzeitig viele möglicherweise erfolgversprechende Kandidat(inn)en vorzeitig aussortiert werden, weil sie nicht ins vorgegebene Such- und Prüfraster passen. Hinzu kommt, dass ein Mensch, der seine Aufmerksamkeit auf Suche und Auswahl richtet, weder besonders attraktiv erscheint noch offen ist für die so wichtigen Zufälle des Lebens.

Interessanterweise wird die genannte Strategie in der Regel auch dann nicht geändert, wenn die gemachten Erfahrungen ganz klar zeigen, dass es so nicht oder nicht wirklich gut funktioniert. Im Gegenteil, es werden im Misserfolgsfall zusätzliche Kriterien eingeführt, um den gleichen Fehler beim nächsten Mal zu vermeiden. An der erwähnten Grundstruktur der Suche wird aber keine Veränderung vorgenommen.

Es ist immer wieder erstaunlich zu sehen, wie viel Zeit und Energie Menschen unter im Grunde unerfreulichen Umständen aufwenden, in der vagen Hoffnung, so den Richtigen oder die Richtige zu finden – sei es auf einer der vielen Internet-Partnerbörsen, beim Speeddating oder einer anderen Singleveranstaltung.

Wenn dann der oder die Richtige gefunden ist, ergibt sich ein weiteres Problem: Endlich ist da jemand, auf den/die ich all meine Wünsche und Bedürfnisse projizieren kann. Viele hoffnungsvoll begonnenen Beziehungen scheitern an diesem Punkt, weil der/die potenzielle Partner/-in sich überfordert fühlt und instinktiv zurückschreckt. Dabei wollte ich im Grunde doch nur das Gefühl haben, angenommen zu sein.

Dieses elementare Gefühl des Angenommenseins und der liebevollen Nähe, nach dem wir alle so sehr – zumindest unterbewusst – streben, kann ich sehr viel einfacher, unkomplizierter und vor allem regelmäßig bei einer Kuschelveranstaltung erleben. Die Gelassenheit, Offenheit und Selbstsicherheit, die ich von dort mitnehme, insbesondere bei häufigerem Besuch, erhöhen wiederum meine Flirtchancen[8] erheblich. Und wenn ich dann auf den oder die Richtige treffe, dann ist der Erfolg sozusagen »vorprogrammiert«. Selbst in bereits bestehenden oder angebahnten Beziehungen kann sich viel zum Positiven verändern, wenn ich meine Bedürftigkeit (auch) außerhalb ausleben kann und nicht alles auf meinen Partner bzw. meine Partnerin projiziere.

Es ist erhellend, dass ausgesprochen attraktive Personen beiderlei Geschlechts übereinstimmend berichten, sie hätten in ihrer Vor-Kuschelparty-Zeit Sex hauptsächlich gehabt, um in den Genuss dieses Gefühls und zärtlicher, liebevoller Berührungen zu kommen.

---

8 Laut Wikipedia ist ein Flirt »eine erotisch konnotierte Annäherung zwischen Personen«. Es kann aber auch viel mehr sein: eine Lebenseinstellung. Leichtigkeit, Spaß, Lebensfreude – ein Spiel. Schenken Sie der Welt ein Lächeln, und genießen Sie, wie die Welt zurücklächelt. Flirten ist Kuscheln auf Distanz. Und ähnlich wie Raufen ist Flirten eine natürliche Fähigkeit, die nur entwickelt werden muss. Es gibt nichts zu lernen. Es genügt, wenn Sie sich erinnern und auf Ihre bereits vorhandenen Fähigkeiten vertrauen.
Mehr zu diesem Thema finden Sie u.a. auf der vom Autor betriebenen Website www.flirt-akademie-muenchen.de.
Das Zitat stammt aus der Seite »Flirt«. In: Wikipedia, Die freie Enzyklopädie. Bearbeitungsstand: 13. September 2013, 14:55 UTC. [http://de.wikipedia.org/w/index.php?title=Flirt] (Abgerufen: 1. Oktober 2013, 13:49 UTC)

Die Tendenz zur Paarbildung findet sich naturgemäß auch auf Kuschelpartys wieder. Zwar sind längst nicht alle Teilnehmer/-innen Singles, und auch unter den Singles sind längst nicht alle auf Partnersuche. Aber das paarweise Kuscheln mit einem als attraktiv empfundenen Exemplar des anderen Geschlechts hat natürlich seinen Reiz. Da trifft es sich gut, dass durch das kuschelige Zusammensein nach einer Weile die meisten potenziellen Kuschelpartner/-innen attraktiv erscheinen. Ähnlich wie man sich jemanden mit Alkohol »schön trinken« kann, so kann man sich jemanden auch »schön kuscheln«. Deshalb sollte man vorsichtig sein, sich aus einem spontanen Impuls heraus auf mehr einzulassen.

Die Erfahrung einer solchen Situation, von einer begehrten Person angenommen zu werden (anstelle der sonst vielleicht häufiger empfundenen Ablehnung), kann ausgesprochen heilsam und nährend sein. Dass dabei dann möglicherweise auch erotische Gefühle entstehen, ist ganz natürlich. Diese Gefühle dürfen da sein. Sie sollten ganz bewusst wahrgenommen, willkommen geheißen und genossen, aber nicht ausgelebt werden. Eine Kuschelparty ist dafür nicht der Ort.

Wer will, kann dies – gegenseitiges Einverständnis selbstverständlich vorausgesetzt – gern hinterher tun. Es wird aber aus dem oben genannten Grund ausdrücklich nicht empfohlen. Bekanntlich soll man aufhören, wenn es am schönsten ist. Es ist oftmals besser, mit einer traumhaften Erfahrung allein nach Hause zu gehen, als in das alte Muster von Erwartung und Enttäuschung zurückzufallen.

Auf einer gut geleiteten Veranstaltung steht die Mann-Frau-Begegnung ohnehin nicht im Vordergrund, sondern ist nur ein Aspekt der Gruppenerfahrung. Idealerweise begegne ich dem Mann oder der Frau dabei auch nicht auf mehr oder weniger romantische Art als dem (fremdartigen) Wesen des anderen Geschlechts, sondern primär als Mensch und als (vertrautes) Mitglied des eigenen Rudels. Die Begegnung dient der

Ausbildung von Vertrauen und nicht der Produktion erotischer Gefühle. So kann sie maximal zum Aufbau der allgemeinen Kuschelatmosphäre beitragen.

Ebenso wichtig ist die Begegnung Mann-Mann und Frau-Frau. Insbesondere Männer haben am Anfang häufig Probleme, sich auf Nähe oder gar sanfte Berührungen mit anderen Männern einzulassen. Umso mehr können sie von der konkreten Erfahrung des liebevollen Zusammenseins unter Männern (auch und gerade in der Anwesenheit von Frauen) profitieren.

Natürlich kann ich auf einer Kuschelparty den Mann oder die Frau fürs Leben finden. Dafür gibt es sogar prominente Beispiele. Aber das sollte nicht die Motivation für meinen Besuch sein. Wer den Partner/die Partnerin für eine gemeinsame Zukunft sucht, verpasst das Wichtigste: glücklich zu sein im Hier und Jetzt.

Nachnähren

In den letzten beiden Kapiteln haben wir gesehen, dass und wie uns Kuscheln glücklicher und sogar gesünder machen kann. Aber es kommt noch besser. Durch intensive und wiederholte Kuschelerfahrungen können wir in der Vergangenheit gemachte negative Erfahrungen kompensieren: Unsere Neuronen verschalten sich neu, und das Grundgleichgewicht von Glücks- und Stresshormonen verschiebt sich. Das ist der entscheidende Punkt, der uns über die konkrete Einzelerfahrung hinaus auch in unserem Alltag glücklicher macht.

Unerfüllte Bedürfnisse

Aus psychologischer Sicht ist der Mensch ein Lebewesen, das sich durch eine ausgeprägte Kindheit und Jugend auszeichnet. Dabei durchläuft es verschiedene Entwicklungsphasen seiner Persönlichkeit. Bei dem skandinavischen Therapieansatz »Bodynamic«[9] werden z. B. folgende Phasen unterschieden:

- die Existenzphase von der Befruchtung bis ca. zum 3. Monat nach der Geburt,
- die Bedürfnisphase von der Geburt bis zum Alter von ca. 2 Jahren,
- die Autonomiephase ca. vom 6. Monat bis zum Alter von ca. 2,5 Jahren,
- die Willensphase im Alter von ca. 2 bis 4 Jahren,
- die erste Phase von Liebe und Sexualität im Alter von ca. 3 bis 5 Jahren,
- Meinungs- und Normenphase im Alter von ca. 5 bis 10 Jahren,
- die Phase von Solidarität und Selbstaktualisierung im Alter von ca. 7 bis 12 Jahren,
- die Teenagerphase von ca. 12 bis 20 Jahren.

---

9 Nähere Informationen unter www.bodynamic.eu

In jeder dieser Phasen entwickelt ein Kind spezifische Bedürfnisse, deren Befriedigung für seine gesunde Entwicklung und sein späteres Wohlbefinden entscheidend sind.

Bei vielen der heute lebenden Menschen kam die Befriedigung dieser Bedürfnisse aber auf die eine oder andere Weise zu kurz. Dies kann sich im Erwachsenenalter durch zahlreiche als negativ empfundene Auswirkungen bemerkbar machen, ohne dass die Ursachen dafür bewusst sind. Dies zeigt sich dann natürlich auch auf einer Kuschelparty.

Z. B. haben manche Menschen Probleme, ihren Platz auf der Matte zu finden. Auf Nachfrage aus dem Leitungsteam kommt häufig die Aussage, dass das nicht nur dort der Fall ist, sondern dass sie dieses Problem auch aus ihrer sonstigen Lebenserfahrung kennen. Auf der Veranstaltung besteht nun die Möglichkeit, ganz bewusst mit diesem Thema umzugehen, damit quasi zu spielen, ohne dass dabei irgendetwas Schlimmes passieren kann. Auf diese Weise kann die betroffene Person eigenverantwortlich, aber in einem sicheren Rahmen und getragen von der Gruppe und einer liebevollen Atmosphäre ganz bewusst neue Erfahrungen sammeln.

Von dem Psychologen Michael Pilliger stammen die folgenden, mit den obigen Phasen korrespondierenden »Kernsätze«. Nach seiner Ansicht sollte ein »seelisch gut genährter Erwachsener« diese Sätze mit voller innerer Überzeugung aussprechen können. Wenn Sie also feststellen, dass Ihnen der eine oder andere Satz nicht so leicht über die Lippen kommt, dann dürfen Sie das als Hinweis auf Ihr persönliches Entwicklungspotenzial nehmen.

• Seit meiner Zeugung wohne ich wohlig und vertrauend in meinem Körper und bin ein Mensch unter Menschen.
• Auf mein Bauchgefühl hörend sorge ich vertrauensvoll für meine Bedürfnisse.
• Ich kenne, liebe und achte das Typische an mir und den anderen.

- Ich lebe meine Power in den mir wichtigen Dingen und kann auch andere bei ihren unterstützen.
- Ich genieße es, eine Frau/ein Mann zu sein. Ich stehe zu meiner sexuellen Orientierung. Ich liebe meinen Partner/meine Partnerin körperlich und mit dem Herzen.
- Ich stehe zu meinen Meinungen, Regeln und Normen und kann auch gegen andere dafür streiten, bleibe dabei aber in Kontakt.
- Ich kann mit meinen Stärken wetteifern und auch andere unterstützen, mit ihren hervorzustechen.
- Seit der Pubertät habe ich mich zu einem eigenständigen Erwachsenen mit eigener Weltsicht, Lebensphilosophie und eigenem Beziehungsleben entwickelt.

Die Erfahrung zeigt, dass es möglich ist, eventuell vorhandene Mangelerfahrungen in der liebevollen Gruppenatmosphäre einer Kuschelparty »nachzunähren«. Dabei werden die seinerzeit nicht oder nicht ausreichend gemachten Erfahrungen quasi nachgeholt. Die Erfahrung des Willkommen- und Angenommenseins bei der Veranstaltung kann z.B. die Erfahrung des Nicht-wirklich-Willkommenseins in der Kindheit kompensieren, zumindest teilweise.

Dies kann zu einer deutlichen Veränderung sowohl der Eigen- wie auch der Fremd-Wahrnehmung führen. Die moderne Neurobiologie hat gezeigt, dass diese mehr oder weniger subjektiven Veränderungen auch mit objektiv nachweisbaren Veränderungen der synaptischen Verbindungen im Nervensystem einhergehen. Das emotional empfundene »Nachnähren« hat also auch eine physiologische Komponente.

Die positiven Wirkungen werden naturgemäß durch wiederholte Erfahrungen und den bewussten Umgang mit ihnen verstärkt. Es beginnt ein sich selbst verstärkender Prozess, bei dem die guten Gefühle von der Veranstaltung sich auch im Alltag auswirken und von Mal zu Mal intensiver werden. Im günstigsten Fall kann sich dies nicht nur in veränderten

Glaubenssätzen, Einstellungen und Lebenshaltungen, sondern auch in verbesserten zwischenmenschlichen Kontakten und Beziehungen ausdrücken.

Eine Erfahrung, die gerade von Frauen oft als hilfreich und manchmal geradezu als befreiend empfunden wird, ist auch das Nein-sagen-Dürfen bei unerwünschten Annäherungsversuchen: »Ich darf meinen eigenen Bedürfnissen folgen und einen anderen Menschen zurückweisen – und das ist überhaupt nicht schlimm!«

Traumatisierungen

Von einer seelischen Traumatisierung wird gesprochen, wenn die Physiologie des Nervensystems durch ein spezifisches Ereignis überlastet und geschädigt wird. Insbesondere im Säuglings- und Kindesalter passiert dies leicht und auch recht häufig, da das System noch nicht voll entwickelt und damit weniger robust ist. Zwar lernt die Person in der Regel, sozialverträglich mit einer solchen Schädigung umzugehen, leidet aber unter der damit verbundenen Belastung, die häufig als Stress empfunden wird.

Wir können davon ausgehen, dass die heute lebenden Erwachsenen alle unter der einen oder anderen Traumatisierung leiden, und die meisten unter einer Vielzahl von ihnen.

So war es z.B. jahrzehntelang gängige Praxis und entsprach der medizinischen Lehre, Neugeborene nach der Geburt von der Mutter zu trennen und auf Säuglingsstationen zu verlegen. Das Ausmaß seelischen Leids, das dadurch in die Welt gesetzt wurde und auch heute noch nachwirkt, ist für ein mitfühlendes Wesen wohl kaum zu ermessen. Und da es in einer vorsprachlichen Entwicklungsphase auftrat, ist es vermutlich auch schwer in Worte zu fassen. Die Auswirkungen erleben wir aber tagtäglich. Wenn z. B. heute die Frage gestellt wird, warum Männer so tief sitzende irrationale Gefühle gegenüber ihren Müttern im Speziellen und Frauen im Allgemeinen haben (Angst, Wut etc.), bedarf es vermutlich keiner tiefschürfenden soziologischen Erklärungen. Die Antwort, wann und wo in diesen Generationen die Mutter-Kind-Beziehung gravierend gestört wurde, liegt auf der Hand.

Auch wenn es bei einer Kuschelparty um Wohlfühlen (Wellness) und Selbsterfahrung, und nicht um Therapie geht, kommt es vor, dass auf einer Kuschelparty eine Traumatisierung »aufbricht«, begleitet von einer heftigen emotionalen Entladung. Die Öffnung des Betroffenen für sein eigenes Leid und die unterstützende Reaktion seiner Mitkuschler wird von allen Beteiligten in der Regel als befreiende bzw. als sehr anrührende und bewegende Erfahrung empfunden. Die Art und Weise, wie eine ganze Gruppe von Kuschlern sich liebevoll um einen hilflos schluchzenden Mitmenschen kümmert, ihn in der »Kuschelenergie« hält und trägt, ohne dass irgendeine bewusste therapeutische Intervention erfolgt, ist wohl eine der wirkungsvollsten »Therapien« überhaupt.

Bei schwerwiegenden Traumatisierungen ist natürlich eine fundierte therapeutische Behandlung angeraten. Der Besuch einer Kuschelparty ist in solchen Fällen wegen der akuten Gefahr der Retraumatisierung nicht zu empfehlen. Es gibt aber sehr wohl Therapeuten, die in begründeten Einzelfällen zur Unterstützung der Therapie den Besuch einer Kuschelparty ausdrücklich empfehlen. In diesem Fall sollte im Vorfeld das Gespräch mit der Veranstaltungsleitung gesucht werden. Ganz besonders ist auf eine ausreichende Betreuung nach der Veranstaltung zu achten, da der Wechsel von der empfundenen Glückseligkeit auf der Veranstaltung zu dem Alleinsein hinterher eine heftige Gegenreaktion hervorrufen kann.

Zugehörigkeit

Aus soziologischer Sicht tendiert der Mensch zur Gruppenbildung. Auch die Teilnehmer/-innen einer Kuschelveranstaltung bilden eine Art »Gruppe auf Zeit«. Und obwohl dort wildfremde Menschen für nur relativ kurze Zeit aufeinandertreffen, sind systemische Effekte für den geschulten Beobachter deutlich wahrnehmbar.

Bei den inzwischen recht bekannten systemischen Familien-, Organisations- und Strukturaufstellungen stellt eine Person unter wohldefinierten Bedingungen andere als Stellvertreter im eigenen System auf. Interessanterweise spielt dabei zunächst der Körperkontakt (!) zwischen dem »Aufsteller« und den »Repräsentanten« eine wichtige Rolle, um die »Systeminformation« auf diese zu übertragen. Anschließend dient die Körperwahrnehmung der Repräsentanten dann als wichtige Informationsquelle für die Steuerung des weiteren Ablaufs.

Unter Fachkundigen gilt allgemein als anerkannt, dass wir alle, auch außerhalb einer speziell angeleiteten »Aufstellung«, ständig ein Beziehungssystem um uns herum aufzustellen versuchen (man kann nicht nicht aufstellen). Wir projizieren sozusagen die uns bekannten Beziehungsmuster permanent nach außen, um ein Gefühl von Sicherheit zu erzeugen.

Bei einer Kuschelveranstaltung findet ein intensiver Körperkontakt zwischen den Teilnehmer(inne)n statt. Die allgemeine Entspannung fördert zudem die weniger bewussten Arten der Wahrnehmung, also vermutlich auch die systemische. Man kann daher davon ausgehen, dass auf einer Kuschelparty alle Anwesenden (dazu gehören natürlich auch die Leitenden) ihr jeweiliges Systembild gleichzeitig und zunächst völlig unkoordiniert nach außen projizieren. Im Laufe der Veranstaltung entstehen durch komplexe Wechselwirkungen – darunter auch die wichtige Wirkung der Anleitung – immer geordnetere Strukturen, die allseits für Entspannung, Offenheit und gute Gefühle sorgen.

Systemaufstellungen und Kuschelpartys ist gemein, dass im Idealfall alle anwesenden (bzw. repräsentierten) Personen und Themen angenommen und integriert werden. Diese intime Zugehörigkeit ohne Vorbedingung ist ein wichtiges Merkmal einer Kuschelveranstaltung. Sie kann für manche Teilnehmer/-innen eine sehr berührende Erfahrung sein. Sie ist auch die Voraussetzung dafür, dass jede/-r in diesem »selbstorganisierenden Rudel auf Zeit« seinen bzw. ihren Platz findet.

Es fehlen belastbare Erkenntnisse, aber es erscheint naheliegend, dass die so gemachten Erfahrungen sich positiv auf alle Beteiligten auswirken. Hierzu zählt insbesondere die Erfahrung (entsprechende Anleitung vorausgesetzt), Teil eines »wohlgeordneten Kuschelrudels« zu sein.

Missverständnisse und Missbrauch

Es gibt Schätzungen, nach denen jede vierte Frau und jeder zehnte Mann in Kindheit oder Jugend sexuellem Missbrauch ausgesetzt waren, meist durch enge Verwandte oder Bezugspersonen. Wie ist ein solches Massenphänomen zu erklären? Und wie verträgt es sich mit dem Bild des kriminellen pädophilen Fremdtäters, das uns in der öffentlichen Darstellung vermittelt wird? Was geht hier vor sich?

Ein Erklärungsmodell besagt, dass eine patriarchale Gesellschaft zwangsläufig Gewalt und Missbrauch durch Männer an Kindern mit sich bringe. Schließlich übt in der traditionellen Hierarchie der Vater nach seinem eigenen Ermessen die alleinige Erziehungsgewalt aus.

Aber die Dinge sind wohl subtiler, und sie beruhen zumindest zum Teil auf zwei wichtigen Missverständnissen:

Das erste Missverständnis geht darauf zurück, dass in unserer Gesellschaft nicht ausreichend zwischen verschiedenen Formen von körperlicher Nähe unterschieden wird. Und dabei geht es nicht nur um Kuscheln und Sexualität, sondern um eine große Palette von Tanzen, Massieren, Raufen, Schmusen, intimes Zusammensein usw.
Die ganze mögliche Bandbreite menschlichen Zusammenseins wird in der Regel auf einen sehr engen Begriff von Sexualität verkürzt. Damit gehen auch das Bewusstsein für die verschiedenen Alternativen und die Sensibilität für die Unterschiede zwischen ihnen verloren.

Das zweite Missverständnis hängt damit unmittelbar zusammen und rührt daher, dass die realen Bedürfnisse von Kindern und Jugendlichen zumindest in der Vergangenheit nicht hinreichend berücksichtigt wurden. Kinder und Jugendliche wollen und suchen körperliche Nähe mit Erwachsenen. Sie sind neugierig und wollen die volle Bandbreite der möglichen Erfahrungen kennenlernen. Körperliches Angenommensein ist für sie ein wichtiger Faktor für ihre gesunde Entwicklung.

Wenn sie nun aber auf Väter, Onkel und andere Bezugspersonen treffen, die nie die Gelegenheit hatten, diese Unterscheidungen kennenzulernen, so ist die Wahrscheinlichkeit hoch, dass sie eine von zwei Erfahrungen machen:

- Entweder erleben sie Zurückweisung, weil der Mann sich überfordert und vielleicht sogar schuldig fühlt und den Auslöser für die eigene Unsicherheit abzuwehren versucht.
- Oder der Erwachsene wird sexuell übergriffig, weil er auf das Angebot eingeht, die eigentliche Absicht aber vollständig missversteht.

Das betroffene Kind bleibt so oder so mit einer heftigen negativen Erfahrung zurück. Dabei wollte es eigentlich nur kuscheln.

An dieser Stelle sei noch ein kleiner Exkurs erlaubt:
Man darf annehmen, dass die mangelnde Unterscheidung zwischen den verschiedenen Arten körperlicher Nähe und den damit verbundenen Bedürfnissen einer der großen Irrtümer der Osho-Bewegung war. Der andere, noch viel größere Irrtum war, so darf ebenfalls vermutet werden, dass die Welt eine bessere wird, wenn alle Menschen ihren »inneren Müll nach außen bringen«. An der geistigen Umweltverschmutzung, die mit der Umsetzung dieser Idee einherging, leidet die spirituelle Szene bis heute.

Aber zurück zum Thema: Menschen mit einem Missbrauchshintergrund laufen Gefahr, diese Erfahrungen auf einer Kuschelparty zu wiederholen und möglicherweise retraumatisiert zu werden. Auch eine fachkundige Anleitung kann davor nur bedingt schützen. Hier ist eine zusätzliche Begleitung durch einen Therapeuten unbedingt anzuraten. Wer sich allerdings bewusst mit diesem Thema auseinandersetzt, z. B. im Rahmen einer Therapie, kann hier vielfältige Heilungsmöglichkeiten finden. Wichtige Erfolge sind, Vertrauen in die eigene Wahrnehmung zu gewinnen und die eigenen Bedürfnisse ernst zu nehmen. Außerdem können z. B. die folgenden Erkenntnisse aus eigener Erfahrung gewonnen werden:

- Kuscheln ist ein erlaubtes Bedürfnis.
- Kuscheln ohne Sex ist möglich.
- Ich bin nicht schuld.
- Ich kann kuscheln, ohne Sex haben zu müssen.
- Ich darf das wollen.

Die obigen Beispiele stammen aus der praktischen Arbeit des Autors.

Mit Fremden kuscheln?!

Es wird wohl für die meisten Leser/-innen leicht nachvollziehbar sein, dass das Kuscheln mit geliebten und vertrauten Menschen (oder auch Tieren) dazu beitragen kann, sich wohlzufühlen, glücklich und zufrieden zu sein. Aber sich auf die gleiche Nähe mit wildfremden Menschen einzulassen, erscheint zunächst völlig unvorstellbar. Warum ist das so?

Seit Langem ist bekannt, dass der Mensch wie auch andere höher entwickelte Tiere verschiedene Distanzzonen besitzt. Aufgrund sozialer Prägung und negativer persönlicher Erfahrungen sind wir als Erwachsene darüber hinaus bestrebt, andere Menschen auf sicherem Abstand zu halten. Nähe bedeutet immer auch eine potenzielle oder doch zumindest empfundene Gefahr. Wir fühlen uns unsicher und verletzlich, wenn uns jemand nahekommt. Ironischerweise fühlen wir uns häufig umso verletzlicher, je liebevoller und zärtlicher wir diese Annäherung empfinden, weil wir dann unsere Abwehr nur noch sehr mühsam aufrechterhalten können. In der so entstehenden Panik neigen wir zu abrupter und eigentlich gar nicht wirklich gewollter Zurückweisung. Wir opfern die Möglichkeit einer schönen Erfahrung aus Angst – der Angst vor Nähe, der Angst vor Zurückweisung und möglicherweise auch der Angst vor Bewertung. Denn was denken »die anderen« von mir, wenn ich mich öffentlich auf Intimität mit einem fremden Menschen einlasse. Kinder sind da noch anders. In völliger Unschuld gehen sie auf jeden Fremden zu und nehmen (auch körperlich) Kontakt auf. Aber das wird ihnen, insbesondere in der heutigen Zeit, sehr schnell abgewöhnt.[10]

---

10 Die öffentliche Aufmerksamkeit für Missbrauch aller Art ist ganz sicher etwas Positives und Notwendiges. Aber sie führt leider auch dazu, daß Kinder in ihren Möglichkeiten und Bedürfnissen sehr stark eingeschränkt werden. Und daß man als ganz normaler Mann kaum noch jemanden berühren darf, ohne in Generalverdacht zu geraten – entweder als Kinderschänder, als Grabscher oder (und das ist für viele leider immer noch am schlimmsten) als Schwuler.

Wir sind es gewohnt, Kontakt auf der verbalen Ebene herzustellen. Das ist schwierig, langwierig und sehr anstrengend. Darüber hinaus trägt es nur wenig dazu bei, dass wir uns näherkommen, und nur ganz selten führt es dazu, dass wir gemeinsam glücklich sind. Stattdessen versuchen wir, anhand der gewonnenen (sehr spärlichen) verbalen Informationen, den anderen Menschen in eine Schublade einzuordnen. Wie schnell das geht, möchte ich Ihnen an folgendem Beispiel demonstrieren. Schließen Sie nach dem Lesen der folgenden Wörter jeweils kurz die Augen, und beobachten Sie, wie Sie den Menschen einordnen, der sich Ihnen so vorstellt:

- Ingenieur
- Friseurin
- MOS-Designer
- Unternehmerin

Welche gefühlsmäßigen Assoziationen werden bei Ihnen hervorgerufen? Finden Sie das sympathisch bzw. attraktiv oder eher nicht? Was glauben Sie jetzt alles über diesen Menschen zu wissen? Was auch immer es ist, es hat mit diesem Menschen vermutlich nicht viel zu tun. Es handelt sich um eine Projektion, um eine Kappe, die Sie dem anderen Menschen überstreifen. Völlig egal, wer da steht. Auch wenn, wie in diesem speziellen Fall, überhaupt niemand da steht, sondern nur ein Wort. Was glauben Sie, wird die Annäherung an einen Menschen durch diese Kappe erleichtert? Eine Kappe, die Sie ihm völlig unbewusst und unwillkürlich übergestreift haben. Können Sie ihn überhaupt noch als Menschen wahrnehmen? Oder nehmen Sie nur noch das Bild wahr, das Sie sich jetzt bereits gemacht haben? Ordnen Sie neue Informationen vielleicht nur noch in das vorhandene Bild ein, wenn Sie sie überhaupt noch zur Kenntnis nehmen?

Übrigens: Es handelt sich jeweils um denselben Mann und dieselbe Frau, nur die Wortwahl ist verschieden.[11] Aber die wichtigste Frage haben wir noch gar nicht gestellt: Sind Sie jetzt glücklich? Haben Sie alle Möglichkeiten genutzt, die in dieser Begegnung steckten? Haben Sie wirklich versucht, sich auf diesen Ihnen bisher unbekannten Menschen einzulassen, mit ihm gemeinsam glücklich zu sein?

Wenn wir einem anderen Menschen erstmals begegnen, nehmen wir nur ca. sieben Prozent der für uns relevanten Informationen über den Inhalt von Worten auf. Der große Rest ist Körperinformation: Mimik, Gestik, Stimme, Geruch. Das heißt, 93 % der Gesamtinformation nehmen wir hauptsächlich unbewusst wahr, während wir uns bewusst und z.T. mit großer Anstrengung auf das gesprochene Wort konzentrieren.[12]

Wenn wir nun vollständig auf verbalen Kontakt (und die damit verbundene Beurteilung) verzichten, so passiert unter geeigneten Randbedingungen Folgendes:

- Wir können entspannen und endlich einmal den stets wachsamen Verstand zur Ruhe kommen lassen.
- Wir brauchen nicht nachzudenken, uns nicht darzustellen, nichts und niemanden zu bewerten und einzuordnen.
- Wir nehmen die nichtverbalen 93 % der Information sehr viel intensiver wahr, da sie nicht von verbaler Information überlagert werden.
- Gleichzeitig beginnen wir auch, uns selbst besser wahrzunehmen, selbstbewusster zu werden.

---

11 Diesen Effekt können Sie zu Ihrem Vorteil nutzen, wenn Sie sich das nächste Mal vorstellen: Wählen Sie eine Bezeichnung, die Sie wichtig erscheinen lässt, die Interesse und Sympathie weckt. Sie haben es mit in der Hand, in welche Schublade Sie eingeordnet werden.
12 Daher ist es bei einer Kontaktaufnahme (z.B. Flirten) auch gar nicht so wichtig, was man sagt. Es kommt viel mehr darauf an, wie man »wirkt«. Und deshalb sind Schlagworte (s.o.) so wichtig. Das andere kommt sowieso nicht rüber.

Die Erfahrung kann noch intensiver werden, wenn wir auch auf optische Eindrücke verzichten, indem wir die Augen schließen (oder sie uns verbinden lassen). Damit wird ein weiterer Wahrnehmungs- und Bewertungskanal stillgelegt, und wir können noch tiefer »abtauchen« in uns selbst und das gemeinsame Sein. Wenn dann auch noch sanfte absichtslose Berührungen hinzukommen sowie geeignete Musik oder Klänge, erreichen wir sehr schnell eine kuschelige Entspanntheit, die diejenige beim Zweierkuscheln mit dem/der Liebsten noch weit übertrifft.

Dass dies nicht nur eine sehr angenehme Erfahrung, sondern eventuell der Einstieg in etwas viel Größeres ist, wollen wir in diesem Buch unter dem Stichwort »Kuschelenergie« betrachten. Doch zunächst müssen wir noch die eine alles entscheidende Frage beantworten: Wie ist es überhaupt möglich, mit fremden Menschen zu kuscheln? Wie können wir die Trennung in unserem Kopf und die angelernten Muster überwinden und uns auf diese Form der Nähe einlassen?

Hierzu erscheint der obige Hinweis auf Tiere interessant. Viele finden es weit weniger befremdlich, mit einem wildfremden Hund oder einer ihnen unbekannten Katze zu kuscheln als mit einem Menschen, den sie nicht kennen. Sollte uns das vielleicht zu denken geben? Was ist so »anders« an einem anderen Menschen? Schließlich ist jeder von uns fremd, fast überall. Sollen wir den anderen vielleicht mehr als kuscheliges Streicheltier denn als potenzielle Gefahr wahrnehmen? Ihn weniger kritisch prüfen (d.h. in eine Schublade stecken) und stattdessen wohlwollend annehmen, so, wie er ist – oder sein könnte, wenn ich ihn annähme? Uns für die so entstehenden Möglichkeiten öffnen und sie ganz bewusst genießen? Bevor die ökonomische Krise und die Angst vor Terroristen die Mentalität dort stark veränderten, gab es in den USA die Redewendung: »Ein Fremder ist ein Freund, den ich noch nicht kennengelernt habe.« Vielleicht können wir diese Idee übernehmen und uns damit anfreunden, dass ein Fremder jemand ist, mit dem ich noch nicht gekuschelt habe, was ich aber bei nächster Gelegenheit nachzuholen beabsichtige.

Völlig unvorstellbar? Oder bereits gelebte Realität? Um diese Frage zu beantworten, wollen wir uns im nächsten Teil ansehen, wie so etwas in der Praxis tatsächlich funktioniert: Wir besuchen eine Kuschelparty. Doch zunächst wollen wir natürlich wissen, was das eigentlich ist und was uns dort erwartet.

Froh zu sein bedarf es wenig,

und wer froh ist,

ist ein König.

Kanon zu vier Stimmen
Text und Melodie: August Mühling

Teil 2:

KUSCHELPARTY –
WAS IST DAS DENN?

Ich werde das nie vergessen. Irgendwer nahm meinen Fuß und hat ihn einfach nur liebevoll gehalten. Ich habe keine Ahnung, wer das war. Aber ich werde ihm den Rest meines Lebens dankbar dafür sein.

Teilnehmerin Kuschelparty München,
im Rückblick sechs Jahre nach der Veranstaltung

Das Wort Kuschelparty gehört wohl zu den am meisten missverstandenen Wortschöpfungen der letzten Jahre. Was assoziieren Sie damit?
Wenn Sie jetzt an Swingerklub denken, an »Rudelbumsen« oder an Sodom und Gomorrha, dann befinden Sie sich in guter Gesellschaft. Nahezu die gesamte deutschsprachige Bevölkerung denkt so. Das war den Schöpfern dieses Begriffs leider nicht bewusst. Sie hatten eine völlig andere Idee.

Geschichte und Bedeutung

Das Kuscheln ist wesentlich älter als der Mensch, vermutlich ist es mit den ersten Säugetieren entstanden. Jeder von uns kennt es bei jungen Hunden und Katzen. Der Mensch als herdenbildendes Säugetier hat es quasi mit in die Wiege gelegt bekommen.

Ohne Körperkontakt kann kein Säugling überleben, Kinder verkümmern, Erwachsene vereinsamen. Die entwicklungsfördernde und heilende Wirkung von körperlicher Berührung ist in vielen Kulturen seit Langem bekannt – auch in der westlichen Medizin.
In der Psychologie wurde und wird Kuscheln als therapeutisches Konzept mindestens seit den Achtzigerjahren des letzten Jahrhunderts eingesetzt. Das Bad Herrenalber Modell, Bonding und diverse Körpertherapien

nutzen auf verschiedenste Weisen die heilungsfördernde Macht der Berührung.[13]

Im Jahr 2004 fand die erste »Cuddle Party« in New York statt. Das Neue daran war, den geschlossenen therapeutischen Rahmen zu verlassen und eine offene und öffentliche Begegnungsmöglichkeit zu schaffen. Im Gegensatz zu den bisherigen Ansätzen ging es darum, grundlegende Bedürfnisse der »gesunden« Bevölkerung (zunächst Paare und später auch Singles) anzusprechen und ihnen die Möglichkeit zu geben, in einem vorgegebenen, sicheren Rahmen und unter qualifizierter Anleitung miteinander zu kuscheln – anonym, ohne Sex und ohne dadurch entstehende Verpflichtungen und Komplikationen.

Am 24. Oktober 2004 berichtete die» ÄrzteZeitung« ausführlich über diese neue Entwicklung, und bereits im Januar 2005 fand die erste deutsche Kuschelparty in Berlin statt. Das löste wiederum ein lebhaftes Medienecho aus, und so verbreitete sich die Idee sehr schnell im gesamten deutschsprachigen Raum, insbesondere in den großen Städten.

Das Wort Kuschelparty ist der Versuch, das englische Wort Cuddle Party ins Deutsche zu übersetzen. Für die Pioniere der deutschen Kuschelparty-

---

13 In Deutschland gibt es schon seit etwa Mitte der 1980er-Jahre eine unter dem Namen A-Freizeiten bekannte Form der gemeinsamen Freizeitaktivität, bei der ein sogenanntes Kuschelmeeting eine ganz zentrale Veranstaltung ist. Das erste Kuschelmeeting fand auf einer Freizeit im Jahr 1995 statt. Dieses Kuschelmeeting ist der Kuschelparty in Form und Inhalt sehr ähnlich. [...]
Entstanden sind die A-Freizeiten aus dem Bedürfnis heraus, die positiven Wachstumsimpulse von Gästen der Klinik in Bad Herrenalb im Alltag zu vertiefen und das Gefühl von Geborgenheit und Wärme, welches in dieser therapeutischen Gemeinschaft erlebt wurde, zu wiederholen. Eine Säule des Bad Herrenalber Modells ist das von Dan Casriel entwickelte Bonding. Es wird vermutet, dass die Erfahrung des Bondings in Bad Herrenalb zumindest »Pate« für das erste Kuschelmeeting war. Quelle: Wikipedia (Seite »Kuschelparty«. In: Wikipedia, Die freie Enzyklopädie. Bearbeitungsstand: 23. Mai 2013, 19:39 UTC. [http://de.wikipedia.org/w/index.php?title=Kuschelparty] (Abgerufen: 1. Oktober 2013, 13:39 UTC)

Szene hatte das Wort einen guten Klang. Und es drückte ziemlich genau das aus, was sie anbieten wollten: Kuscheln für jedermann, in einem sicheren Rahmen, aber ohne therapeutischen Anspruch, dafür mit Party- und Wellnesscharakter. Eine Mischung aus meditativer Entspannung und lustiger Party, aus tief gehender Selbsterfahrung und ebenso tief gehender menschlicher Begegnung.

Mit Erstaunen mussten sie dann aber feststellen, dass die große Mehrheit der Bevölkerung mit dem Wort Kuschelparty etwas ganz anderes assoziierte: eine Art »Swingerparty light« oder, noch schlimmer, unerwünschte Begegnungen mit »schmierigen Kuschelbedürftigen«.[14] Jedenfalls eine Veranstaltung, zu der man nicht hingeht, weil man »so etwas« ja nicht nötig hat.

Der Andrang hält sich also in Grenzen. Obwohl Großstädte wie Berlin, München oder Frankfurt mehrere Hunderttausend Singles beherbergen (von kuschelbedürftigen Menschen in einer Paarbeziehung wollen wir gar nicht sprechen), kamen und kommen dort zu einer typischen Kuschelparty nur ca. 10 bis 35 Personen. Das entspricht – vielleicht nicht ganz zufällig – einer sehr angenehmen und gut überschaubaren Gruppengröße. Zum Vergleich: Zu einer der üblichen Single- oder Ü30-Partys im Münchner Umland werden typischerweise 500 bis 1500 Personen erwartet.

Es geht auf einer Kuschelparty also sehr persönlich, sehr familiär und sehr kuschelig zu. Das liegt natürlich auch an den Personen, die diesen Veranstaltungen ihren Rahmen geben, sie also organisieren und anleiten – diese Aufgabe kann gar nicht hoch genug gewürdigt werden. Mehr noch aber liegt es an den Teilnehmer(inne)n, die in aller Regel äußerst ange-

---

14 In einigen einschlägigen Single-Foren im Internet finden sich Diskussionen zum Thema Kuschelparty. Meist beginnen Sie damit, dass jemand die Frage stellt, ob schon mal jemand auf einer solchen Veranstaltung war und darüber berichten könne. Was dann folgt, sind ca. ein bis zwei Dutzend Beiträge, wie schrecklich man sich das vorstellt und dass man dort selbstverständlich niemals hingehen würde.

nehme und liebenswerte Mitmenschen sind – nämlich genau die, die die oben beschriebenen Vorurteile nicht teilen und offen sind für tiefe neue Erfahrungen, offen für andere interessante Menschen und offen für echte zwischenmenschliche Begegnungen. Der Prozentsatz an Menschen mit akademischem, spirituellem oder alternativ-therapeutischem Hintergrund liegt weit über dem Durchschnitt der Bevölkerung.

Und die angeblich »Bedürftigen«, die »Grabscher«, und die »Psychos«, vor denen die konsequenten Nicht-Teilnehmer/-innen Angst haben? Die kommen nicht, weil das nicht ihre Veranstaltung ist. Das positive Energieniveau einer gut geleiteten Kuschelparty ist so hoch, dass sich Menschen mit negativer Ausstrahlung ausgesprochen unwohl fühlen würden, wenn sie denn tatsächlich kämen – was aber in der Regel nicht der Fall ist. Wer kommt, gehört zu einer ausgesprochenen Elite, die diesen neuen Weg jetzt schon für sich gefunden hat.

Vermutlich werden in einigen Jahrzehnten Kuschelveranstaltungen so selbstverständlich sein wie heute Meditation, Yoga und dergleichen. Und die Teilnahmegebühr wird wegen der nachgewiesenen positiven gesundheitlichen Auswirkungen wahrscheinlich von der Krankenkasse übernommen. Es braucht immer eine gewisse Zeit, bis neue Ideen ihren Weg in die Mitte der Gesellschaft finden. Vorurteile sterben nur langsam aus und häufig nur zusammen mit den Menschen, die sie haben.

In dieser Richtung gibt die heute nachwachsende Generation durchaus Anlass zum Optimismus. Sie scheint dem Kuscheln gegenüber wesentlich aufgeschlossener zu sein als die heutige Zielgruppe.

Aber was genau ist nun eine Kuschelparty, und wie läuft so etwas ab?

Was ist eine Kuschelparty?

Wenn erwachsene Menschen mit skeptischen Blicken kommen, dann kuscheln wie kleine Kätzchen und am Ende mit leuchtenden Augen wieder gehen.

www.alle-kuschelpartys.de

Eine wunderbare berührende Erfahrung

www.rauf-und-kuschelparty.de

Sicherheit, Glück und Zufriedenheit jenseits von Beziehung und Partnerschaft

spontaner Kommentar einer Teilnehmerin

Angenommensein – ohne Vorbedingung
Berührung – ohne Sex
Nähe und Wärme – hier und jetzt

www.rauf-und-kuschelparty.de

Als Kuschelparty (oder auch Knuddelparty) wird eine organisierte Veranstaltung bezeichnet, bei der fremde Personen in bequemer Kleidung auf ausgelegten Matratzen oft stundenlang miteinander kuscheln und schmusen, ohne dabei sexuelle Absichten zu verfolgen. Die meist bis zu fünfzig Teilnehmer sind durchschnittlich zwischen dreißig und fünfzig Jahre alt, das Verhältnis der Geschlechter ist fast ausgeglichen.

…

Jede Kuschelparty ist anders, aber es gibt ein gemeinsames Grundmuster: zuerst Übungen zum gegenseitigen Kennenlernen und Annähern, dann die Schaffung von körperlicher Vertrautheit und schließlich das gemeinsame Kuscheln. Kuscheltrainer oder Moderatoren leiten die Übungen an und überwachen die Einhaltung der Kuschelregeln. Sie sorgen für eine liebevolle und geborgene Atmosphäre, in der sich alle Teilnehmer sicher und entspannt fühlen.

Wikipedia[15]

15 Seite »Kuschelparty«. In: Wikipedia, Die freie Enzyklopädie. Bearbeitungsstand: 23. Mai 2013, 19:39 UTC. [http://de.wikipedia.org/w/index.php?title=Kuschelparty] (Abgerufen: 1. Oktober 2013, 13:39 UTC)

Was auf einer Kuschelparty geschieht, kann man nicht wirklich beschreiben. Man kann es sich auch nicht vorstellen, wenn man nicht schon einmal da war. Das liegt daran, dass es nichts Vergleichbares gibt.[16] Um wirklich eine Vorstellung zu bekommen, muss man tatsächlich hingehen.[17]

Trotzdem wollen wir versuchen, Ihnen eine Idee davon zu vermitteln, was Sie versäumen, wenn Sie nicht auf eine Kuschelveranstaltung gehen. Hierzu zitieren wir einige Fragen und Antworten von der FAQ-Seite[18] des Münchner Kuschelportals www.kuscheln-in-muenchen.de. Im nächsten Kapitel erhalten Sie dann einen Überblick über die verschiedenen bekannten Spielarten von Kuschelpartys.

Was ist eine Kuschelparty?

- ein Zusammensein von netten Menschen, die einfach nur kuscheln wollen, ohne vorheriges gegenseitiges Abchecken und Sich-darstellen-Müssen, ohne sexuellen Beigeschmack und ohne weitergehende Verpflichtungen (ohne aber mit jedem kuscheln zu *müssen*)
- eine Möglichkeit, eine tiefe gegenseitige Annahme und wirkliche Berührung zu erfahren (innen und außen)
- ein geschützter Raum, in dem man ganz tief entspannen und Glückshormone tanken kann

---

16 Bei einer gut angeleiteten Kuschelparty steht nicht die Mann-Frau-Thematik im Vordergrund, sondern eine sehr intensive Familien-, Horden- oder Rudelerfahrung. Dieses tiefe Erleben von Zugehörigkeit und Angenommensein inmitten einer ansonsten anonymen Gruppe gibt es in dieser Form nur dort.

17 Wenn Sie diese Aussage ernst nehmen, dann stehen Sie vielleicht irgendwann vor der Frage, ob Sie sich tatsächlich trauen sollten, selbst einmal auf eine Kuschelparty zu gehen. Im Kapitel »Kuscheln oder Nichtkuscheln?« kommen wir auf diese Frage zurück, und im Kapitel »Kuschelregeln, Tipps und Empfehlungen« geben wir konkrete Hinweise, worauf Sie bei Ihrem ersten Besuch achten sollten (und wie Sie ganz leicht die für Sie nächstgelegene Veranstaltung finden.)

18 FAQ = Frequently Asked Questions (engl.: häufig gestellte Fragen)

- eine sicherer Rahmen, der es ermöglicht, spielerisch mit zwischenmenschlicher Nähe sowie den eigenen Bedürfnissen und Grenzen zu experimentieren

Was heißt in diesem Zusammenhang eigentlich Kuscheln?

- Wir kuscheln vorzugsweise in Gruppen oder Haufen, ähnlich wie junge Hunde oder Katzen.
- Genau wie dort, spielt das Geschlecht nur eine untergeordnete Rolle: Männer kuscheln mit Männern, Frauen mit Frauen und natürlich auch Frauen mit Männern.
- Es ist völlig okay, wenn es dabei auch zu erotischen Gefühlen kommt, aber sexuelle Handlungen sind tabu!
- Unsere Art von Kuscheln hat eher etwas von einer gemeinsamen »Kuschelmeditation« oder einem »Kuschel-Yoga«.
- Es entsteht eine ganz besondere, liebe- und friedvolle Atmosphäre (»Kuschelenergie«).

Was ist eine Kuschelparty nicht?

- Keine normale Party: Es gibt ein Leitungsteam, eine Struktur, einen festen Anfang (pünktlich!) und ein festes Ende. Und keinen Alkohol!
- Kein Esoterik-Seminar: Eine Kuschelparty ist frei von weltanschaulichen und religiösen Inhalten jeglicher Art.
- Keine therapeutische Veranstaltung: Jede/-r ist für sich selbst verantwortlich.
- Kein Single-Treff: Es geht nicht darum, einen Partner zu finden – egal, ob fürs Leben oder für eine Nacht.
- Kein Swingerclub: Es geht nicht um sexuell orientierte Kontakte oder Begegnungen.

Was passiert da?

- Ein erfahrenes Leitungsteam sorgt für einen sicheren Rahmen.
- In der Regel wird zuerst gemeinsam getanzt, dann gibt es Übungen zum Aufwärmen, eine Runde, in der die Regeln und der Ablauf erklärt werden, und dann wird gekuschelt. Ungefähr in der Mitte gibt es eine Pause zum Trinken, zum Reden etc.
- Es gibt kein Muss, nur Vorschläge. Vieles entsteht auch völlig spontan aus der Situation heraus.

Wer geht hin?

- sympathische Menschen beiderlei Geschlechts und jeglichen Alters, die sich einen wunderschönen Abend gönnen
- ganz normale Menschen, die aufgrund ihres Single-Daseins oder in ihrer Beziehung nicht genug Kuscheleinheiten bekommen und mal wieder richtig »auftanken« wollen
- ganz besondere Menschen, die sich offen und vorurteilsfrei auf das einlassen, was ihnen an diesem Abend geschenkt wird
- spirituelle Menschen, die diese Veranstaltung ganz bewusst als Experimentierfeld für ihre Selbstfindung nutzen
- interessante Menschen, die anderen Menschen auf diese wundervolle, »bezaubernde« Weise begegnen, sich mal wieder richtig entspannen oder Nähe ohne Sex genießen wollen
- erstaunlich viele besonders attraktive Menschen, die in einer geschützten Umgebung zwischenmenschliche Nähe und Wärme erfahren wollen, ohne angegrapscht oder angebaggert zu werden und ohne, dass jemand »mehr« will
- ungefähr gleich viele Männer und Frauen, nicht alle Singles
- Der bisher jüngste Teilnehmer war Anfang 20, die älteste Teilnehmerin über 80 Jahre; der Altersdurchschnitt liegt zwischen 35 und 55 Jahren.
- Der Akademikeranteil liegt bei ca. 50 %, bei den Männern noch wesentlich höher.

Warum gehen die Leute da hin?

- Die wohltuende, entspannende und gesundheitsfördernde Wirkung von liebevollen körperlichen Berührungen ist medizinisch erwiesen. Nähe tut einfach gut!
- Hier gibt es eine Möglichkeit, Nähe, Wärme und Angenommensein zu erfahren, außerhalb von Familie, Sexualität oder dem Umgang mit Haustieren und ohne irgendwelche weitergehenden Verpflichtungen.
- Hier bietet sich ein Übungs- und Experimentierfeld, um den Umgang mit Nähe (neu) zu lernen (z. B., bevor ich mich auf die nächste Beziehung einlasse).
- Wie bei anderen Rudeltieren hat auch beim Menschen das »Kontaktliegen« eine positive Wirkung auf das Sozialverhalten und damit auf den Erfolg im Berufs- und Privatleben (Stichwort: emotionale Intelligenz).
- Weil sie einen wunderschönen Abend in angenehmer Gesellschaft genießen wollen.

Mit anderen zusammen glücklich sein!

Spezielle Arten von Kuschelpartys

In München traf die Idee der Kuschelparty auf besonders fruchtbaren Boden. Dort wurden im Laufe der Jahre – unter Mitwirkung des Autors – verschiedene innovative Varianten des Kuschelpartykonzepts entwickelt.

Rauf-und-Kuschelparty

Vermutlich ebenso alt wie das Kuscheln ist das Raufen. Spielerisches Kämpfen ist eine weit verbreitete Verhaltensform bei vielen Säugetieren. Junge Hunde und Katzen sind hier wiederum ein gutes Beispiel. Auch bei Menschenkindern, Jungen ebenso wie Mädchen, ist ein natürlicher Drang vorhanden, zu toben und spielerisch Kräfte zu messen.[19] Im therapeutischen und im pädagogischen Bereich gibt es schon seit den Achtzigerjahren Ansätze, dieses Potenzial des spielerischen Raufens zu nutzen.

Als sich 1996 zum ersten Mal ein paar Enthusiasten an einem Münchner Badesee trafen, ging es aber zunächst ausschließlich um eine Freizeitaktivität. Sie wollten auf der grünen Wiese an das spielerische Balgen aus ihrer Kindheit anknüpfen. Dabei stand von Anfang an auch eine »alternative« Begegnung von Frauen und Männern im Mittelpunkt. Im Wesentlichen

---

19 Dieses spielerische Raufen hat eine wichtige Funktion für die Ausbildung der Persönlichkeit. In unserer Gesellschaft wurde und wird diese Erfahrung aber häufig und vor allem Mädchen vorenthalten. Für die meisten Erwachsenen ist ein völliger Verzicht auf diese natürliche Ausdrucksform dann bereits ziemlich selbstverständlich, außer eventuell im Bereich von sexuellen Beziehungen – ähnlich wie beim Kuscheln. Außer der individuellen Komponente hat Raufen aber auch eine gesellschaftliche. Das Raufen unter Frauen kann einen wesentlichen Beitrag zum weiblichen Selbstverständnis, zu gegenseitigem Vertrauen und damit zu weiblicher Solidarität leisten. Und das Raufen zwischen Frauen und Männern kann zu mehr gegenseitigem Respekt und Verständnis beitragen und so die Beziehung unter den Geschlechtern entkrampfen und verbessern.

ging es aber darum, miteinander einen gemütlichen Nachmittag am See zu verbringen, in der Sonne zu liegen, zu grillen und es sich einfach gut gehen zu lassen. In gewisser Weise wurden wesentliche Elemente der späteren Kuschelpartys hier schon vorweggenommen.

Auch während der Wintermonate fanden sich bald Möglichkeiten, zuerst in städtischen Räumen und später in Privatwohnungen. »Raufen und Yogi-Tee trinken« war die Überschrift eines frühen Zeitungsberichts. Mund-zu-Mund-Propaganda, Medienecho und Internet (www.fight-for-fun.org) trugen dazu bei, die inzwischen »Rauftreff« genannte Aktivität etwas bekannter zu machen. 2003 fand in Freising bei München zum ersten Mal eine öffentliche Veranstaltung mit »Gaudi-Raufen« statt. Im gleichen Jahr gab es dort auch den ersten VHS-Kurs mit dem Titel: »Raufen macht Spaß«.

Bereits 1997 war klar geworden, dass das spielerische Raufen eine hervorragende Basis für Therapie, Coaching und persönliche Entwicklung sein kann. »So wie ich mich hier beim Raufen verhalte, so verhalte ich mich in meinem ganzen Leben«, erwies sich als Schlüsselsatz. Ende 2004 trafen sich schließlich einige Frauen und Männer aus dem pädagogischen, therapeutischen und dem Coaching-Umfeld und gründeten die Rauf-Akademie München als »Kompetenz-Zentrum für Pädagogisches Raufen« (www.rauf-akademie.de).

Als dann Anfang 2005 die Kuschelparty-Idee deutschlandweit Wellen schlug, war es eine logische Konsequenz, das vorhandene Know-how in diesen neuen Kontext einzubringen. So wurde im September 2005 die Rauf-und-Kuschelparty aus der Taufe gehoben (www.rauf-und-kuschel-party.de).

Diese Veranstaltung bietet eine Mischung aus spielerisch-kindlichem Gaudi-Raufen und klassischer Kuschelparty. Dieser Kontrast macht den Ablauf lebhafter, spannender und lustiger. Es entstehen ganz neue Möglichkeiten der Selbsterfahrung. Der Kontakt, das Zusammengehörigkeits-gefühl und das gegenseitige Kennenlernen der Teilnehmer werden auf einfache und natürliche Weise gefördert und intensiviert. Und nach dem Raufen kuschelt es sich noch angenehmer und leichter.

Für die Teilnahme gibt es naheliegende gesundheitliche Einschränkun-gen, aber im Prinzip kann jede/-r mitmachen. Selbst schwer Körperbehin-derte und Rollstuhlfahrer waren schon dabei – und begeistert.·

Wasserkuschelparty

Das Leben kommt aus dem Wasser. Mit Walen und Delfinen empfinden viele von uns eine tiefe emotionlae Verbindung. Der menschliche Fötus wird neun Monate lang von angenehm warmem Fruchtwasser umspült. Neugeborene haben eine völlig natürliche Beziehung zum Wasser, in dem sie sich »wie ein Fisch« – oder besser: wie ein Delphin – bewegen.

Ebenfalls in den Achtzigerjahren wurde in den USA Wasser-Shiatsu oder Watsu entwickelt. Bei dieser Therapieform wird der Klient vom Therapeu-ten in 35 °C warmem Wasser getragen und sanft bewegt. Der achtsame Körperkontakt, die Harmonie der Bewegung, das aus dem Zen-Shiatsu übernommene Prinzip der leichten Körperdehnung, die empfundene Schwerelosigkeit und die fötusähnliche Erfahrung des körperwarmen Wassers, all das führt zu einer sehr tiefen Entspannung, in der seelische und körperliche Heilung möglich werden.

Bereits in dieser Zeit wurde die Idee in München aufgegriffen und vom dortigen »Aquasoma Institut« (»Oasis«) in eine nichttherapeutische Well-ness-Form umgesetzt, bei der sich die Teilnehmer/-innen nach entspre-chender Kurzausbildung abwechselnd gegenseitig durchs Wasser tragen. Die positive Erfahrung des Nehmens und Getragenwerdens verbindet sich dabei mit der ebenso positiven Erfahrung des Gebens und Tragens. Im Laufe der Zeit wurden auch eigene Elemente entwickelt wie z.B. das »Delfining«, eine sehr entspannende Atemübung in Verbindung mit dem Wechsel von Über- und Unterwassersein.

Inspiriert von bestehenden Kontakten zur gerade entstehenden Münchner Kuschelpartyszene wurde im Februar 2006 zum ersten Mal eine Veranstaltung »Kuscheln im warmen Pool« angeboten. Die Idee war, einerseits eine Kuschelveranstaltung mit der wunderbaren Erfahrung des Getragenwerdens im warmen Wasser zu verbinden und andererseits diese Erfahrung für jedermann/-frau ohne vorherige Ausbildung zu ermöglichen.

Ein besonderer Aspekt des »Wasserkuschelns« ist der, dass eine sehr angenehme sanfte Berührung schon durch leichte Bewegung des Körpers im Wasser entsteht. Auch ohne den direkten Kontakt zu einem anderen Körper kann man so einfach »mit dem Wasser kuscheln« und das Streicheln des Wassers über die eigene Haut genießen.

Ein zweiter Aspekt ist die annähernde Schwerelosigkeit, wenn der Körper tief im Wasser einsinkt. Ich kann mich voller Vertrauen einfach treiben lassen, kann mein Gewicht an das Wasser abgeben und brauche nichts zu tun. Ich werde von körperwarmem Wasser sanft getragen und kann dabei völlig entspannen. Dadurch geht die Kuschelerfahrung noch wesentlich tiefer.

Ein dritter Aspekt ist das eher zufällig entstandene »Sauna-Kuscheln«. Wenn sich nach einem kuscheligen Event im warmen Wasser alle in der angeschlossenen Sauna wiedertreffen und diese richtig voll wird, ergibt es sich sozusagen von selbst. Zu diesem Zeitpunkt ist dann auch die körperliche Nacktheit kein Thema mehr. Die bis dahin aufgebaute »Kuschelenergie« sorgt für angenehmen Kontakt zwischen den Teilnehmern und eine wunderschöne Stimmung im Raum.

Tanz-und-Kuschelparty

Tänzerische Bewegung gehört zu den ursprünglichsten Ausdrucksformen menschlichen Seins.[20] Tanztherapie und Tanzpädagogik knüpfen in unserer Zeit daran an. Tanzen bietet die Möglichkeit des Selbstausdrucks und der Selbsterfahrung, aber auch der Begegnung – vom traditionellen Volkstanz über den klassischen Paartanz bis hin zum Disco-Tanz.

Tanzen gehört zu jeder Kuschelparty dazu. Bei den seit März 2009 in Weßling stattfindenden Tanz-und-Kuschelabenden (www.haus-der-reinen-seele.de) nimmt es allerdings einen wesentlich größeren Raum ein als sonst üblich. Veranstaltet wird sie von einer ehemaligen Turniertänzerin und geleitet von einer ausgebildeten Tanzpädagogin. Das Konzept verbindet Tanzen in allen Formen, Kuscheln und gemütliches Beisammensein.

Andere Veranstaltungen

Im Laufe der Zeit wurden Kuschelparty-Elemente auch in bereits existierende Veranstaltungskonzepte integriert. Das Resultat ist häufig keine richtige Kuschelparty, aber auf jeden Fall ein besonderes Erlebnis und ein schöner Abend. Neben rein privaten Events sind hier vor allem zu nennen: in München die seinerzeit angebotene Kino-Kuschelparty und der immer noch existierende Kuschelige Märchenabend sowie in Köln die Kuschelkonzerte mit Live-Musik.

---

20 Im Gegensatz zum Raufen ist Tanzen in unserer Gesellschaft allgemein anerkannt und entsprechende Literatur im Überfluss vorhanden. Daher fällt dieser Abschnitt deutlich kürzer aus, als es dem Thema eigentlich angemessen wäre.

Der in München regelmäßig am 24. Dezember stattfindende Kuschelige Weihnachtsabend ist hingegen eine richtige Kuschelparty – mit Überlänge und integrierter Weihnachtsfeier, inklusive einem gemeinsamen Abendessen, bei dem jede/-r etwas mitbringt. Dieser Abend ist ein Angebot an alle, die Weihnachten nicht allein oder in einem weniger harmonischen Familienrahmen feiern wollen. Es gibt wohl nur wenige Orte, wo der ursprüngliche weihnachtliche Gedanke der Hoffnung und der christlichen Nächstenliebe so intensiv gelebt wird – und der dabei offen ist für Menschen aller Weltanschauungen und Glaubensrichtungen.

Die Münchner »Kuschelfamilie«

Im Gegensatz zu anderen deutschen Städten gab es in München von Anfang an mehrere Veranstalter, die – zunächst unabhängig voneinander – verschiedene Kuschelpartys anboten. Im Herbst 2005 waren dies die Kuschelparty München, die Kuschelparty Dachau und die Rauf-und-Kuschelparty.[21]

Sowohl unter den Gästen als auch in den Leitungsteams sprach sich dies ziemlich schnell herum. Bei Besuchen auf den anderen Veranstaltungen wurden erste Kontakte geknüpft, und so entstand langsam eine sehr fruchtbare Kooperation unter dem Motto: »Wer miteinander kuschelt, konkurriert nicht.« Ergänzt wurde der so entstehende »harte Kern« der Münchner Kuschelszene durch die Stammgäste, von denen man viele regelmäßig auf allen drei Veranstaltungen antreffen konnte. Man kannte sich, man kuschelte miteinander, man mochte sich, und so wurden die Beziehungen enger. Für manche entstand eine Art Ersatzfamilie. Eine Teilnehmerin drückte es so aus: »Hier habe ich endlich mein Rudel gefunden.« Und eine andere prägte den Begriff von der »Kuschelfamilie«.

Der damalige Veranstalter der Kuschelparty München besaß ein Seminarhaus in der Nähe von München. Dort traf sich im März 2006 erstmals der engere Kreis zu einem inoffiziellen Kuscheltreffen von Samstag auf Sonntag.

---

21 Später kamen noch weitere Veranstaltungen hinzu, u.a. die Wasserkuschelparty, die Kino-Kuschelparty, die Tanz-und-Kuschelparty. Zudem griff das Konzept auch auf andere bayrische Städte über. So entanden die Kuschelparty Rosenheim, die »Begegnung aus dem Herzen« in Aschhofen und zwei Kuschelpartys in Augsburg. Leider wurden einige dieser Veranstaltungen im Laufe der Zeit wieder eingestellt, meist wegen Problemen mit den benötigten Räumlichkeiten.

Einer der ursprünglichen Hauptinitiatoren dieser Treffen war der damals in Dachau lebende Psychologe, Trauma-Therapeut und Heilpraktiker Michael Pilliger, der später wichtige inhaltliche Beiträge zur Kuscheltrainer-Fortbildung in Deutschland leistete.

Auf Initiative des Autors nahm ab Mai 2007 auch Rosi Döbner mehrfach an diesen Wochenenden teil. Sie ist so etwas wie die Mutter der deutschsprachigen Kuschelpartyszene. 2005 hatte sie die Kuschelparty-Idee nach Deutschland gebracht und war mit diesem Thema immer wieder in den Medien präsent. Sie veranstaltet Kuschelpartys in Berlin und Frankfurt und bietet regelmäßig Ausbildungswochenenden für angehende Kuscheltrainer/-innen an.

Gleich während des ersten gemeinsamen Wochenendes entstand die Idee, ein Treffen aller Kuscheltrainer/-innen aus dem deutschsprachigen Raum zu organisieren. Dieses fand dann erstmals im November 2007 statt.

Kuscheln oder Nichtkuscheln?

Hunde, Katzen und kleine Kinder sind völlig frei von Vorurteilen. Sie kuscheln mit jedem. Die meisten Erwachsenen in unserer Gesellschaft haben sich hingegen an eine Umgebung gewöhnt, in der, wenn überhaupt, nur mit vertrauten Menschen aus dem intimen Umfeld gekuschelt wird.

An dieser Stelle greifen wir die Frage auf, die wir bereits im Kapitel »Was ist eine Kuschelparty?« angedeutet haben und die Sie vermutlich schon beim ersten Blick in dieses Buch beschäftigt hat – ganz sicher aber, wenn Sie bis hierher gelangt sind:

Sind Sie bereit, sich auf Ihr persönliches
»Abenteuer Kuschelparty« einzulassen?

Möglicherweise haben Sie noch Bedenken. Diesen wollen wir im Folgenden Raum geben und Ihnen helfen, sie zu überwinden.

Ich traue mich da nicht hin. Ich kenne ja niemanden.

- Sie können sehr gern jemanden mitbringen oder mit einer Gruppe kommen. Es sind aber auch viele andere nette Menschen da, die sich auf die Begegnung mit Ihnen freuen.
- Sie sind ganz sicher nicht der/die einzige Neue an diesem Abend. Normalerweise sind ein Drittel der Gäste das erste Mal da. Und es geht ihnen ganz genauso wie Ihnen.
- Durch die gemeinsame Erfahrung in der Gruppe unter fachkundiger Anleitung werden Sie sich in ganz kurzer Zeit nicht mehr fremd, sondern geborgen und angenommen fühlen. Am Ende der Veranstaltung fühlen Sie sich einfach pudelwohl und mit allen anderen verbunden.

Und wenn Sie zum zweiten Mal kommen, werden Sie schon mit einem großen Hallo empfangen.

Ich traue mich da nicht hin. Ich habe so etwas ja noch nie gemacht.

- Eine Kuschelparty beginnt immer auf »Anfängerniveau«. Der Sinn und Zweck der Anleitung besteht darin, allen Teilnehmer(inne)n (also auch Ihnen) über die stets vorhandenen Anfangshürden hinwegzuhelfen. Es werden keine Vorkenntnisse oder Erfahrungen vorausgesetzt. Auch erfahrene Kuschler/-innen nehmen diese Anleitung dankbar an und genießen die sich schrittweise erweiternden Begegnungsmöglichkeiten.
- Wenn Sie sich irgendwie unwohl fühlen sollten, können Sie sich jederzeit aus dem Geschehen ausklinken und erst einmal wieder ganz bei sich ankommen, bevor Sie sich erneut der Gruppe anschließen. Das Leitungsteam macht immer nur Vorschläge und freut sich, wenn Sie Ihren eigenen Gefühlen Vorrang einräumen.
- Sie werden staunen, wie schnell Sie »warm« werden und sich wie zu Hause fühlen!

Ich will nicht mit fremden Menschen kuscheln,
nur mit einem ausgesuchten Partner.

In dieser Aussage stimmen Sie mit den ca. 95 % der Bevölkerung überein, die sich ganz sicher sind, dass sie niemals auf eine Kuschelparty gehen werden. Das ist schade, denn Sie nehmen sich die Chance, Ihre eigenen Vorurteile infrage zu stellen, eine Realität jenseits Ihrer Vorstellungsmöglichkeiten kennenzulernen und eine wundervolle neue Erfahrung zu machen. Denken Sie daran, dass Sie auf einer Kuschelparty die anderen 5 % treffen können – offene, nette, liebevolle und attraktive Menschen, mit denen Sie sich nach sehr kurzer Zeit nicht mehr fremd fühlen. Und Sie nehmen sich die Möglichkeit, auf ganz einfache Weise einen wunderbaren Menschen kennenzulernen, mit dem Sie vielleicht furchtbar gern kuscheln möchten, wenn Sie ihm/ihr erst einmal begegnet sind.

Kuscheln ist für mich etwas Intimes.
Das will ich nicht in der Öffentlichkeit tun.

Auch in dieser Aussage stimmen Sie mit einem großen Teil der Bevölkerung überein. Kuschelpartys sind zwar eine öffentliche Veranstaltung, aber durch den geschützten Rahmen und die fachkundige Anleitung entsteht eine vertraute und liebevolle (nicht sexuelle) Atmosphäre, die Ihnen sehr schnell das Gefühl gibt, zu Hause und unter guten Freunden (oder gar Teil einer Familie) zu sein.

Ich will mich nicht von fremden Menschen berühren lassen.

Das ist überhaupt kein Problem! Wie schon bei den Vorbemerkungen erwähnt, geht es bei einer Kuschelparty gar nicht primär um körperliche Berührung. Sie können die unglaublich wohltuende Atmosphäre einer solchen Veranstaltung genießen, ohne sich auf körperliche Berührungen einlassen zu müssen. Und wenn es zu einem späteren Zeitpunkt für Sie stimmig ist, können Sie Ihre Meinung auch ganz einfach wieder ändern.

Muss ich mit jedem kuscheln?

Durchaus nicht! Ganz im Gegenteil: Zu erkennen, was Ihnen in jedem einzelnen Augenblick guttut, und jeweils nur das zu tun bzw. zuzulassen, was sich für Sie wirklich stimmig anfühlt, ist ein wichtiger Teil der Kuschelerfahrung.

Was ist, wenn ich mit jemandem nicht kuscheln will?

Das ist völlig in Ordnung. Es besteht keinerlei Verpflichtung, irgendetwas zu tun, was Sie nicht wollen. Achten Sie auf sich, auf Ihre Gefühle und auf Ihre

Grenzen, und kommunizieren Sie sie offen. Dies wird zu Beginn der Veranstaltung auch angesprochen. Wenn es zu Missverständnissen oder Problemen in der Kommunikation kommt, wenden Sie sich an das Leitungsteam.

Was ist, wenn jemand nicht mit mir kuscheln will?

Auch das ist völlig in Ordnung. Die Ablehnung bezieht sich nicht auf Ihre Person, sondern nur auf die momentane subjektive Wahrnehmung Ihrer Person durch jemand anderen. Sie hat primär nichts mit Ihnen, sondern mit dieser anderen Person zu tun. Sie dürfen sich trotzdem vollwertig, gewertschätzt und angenommen fühlen. Der gegenseitige Respekt gebietet aber, diese Ablehnung ohne weitere Fragen oder Diskussion zu akzeptieren.

Was ist, wenn ich da bin und plötzlich merke, dass ich überhaupt nicht kuscheln will?

Das ist völlig in Ordnung. Es gibt immer die Möglichkeit, sich aus dem Ablauf vollständig herauszuziehen und ganz für sich zu sein.
Während des Kuschelns entsteht eine sehr intensive, ruhige und meditative Atmosphäre, die Sie einlädt, einfach nur zu entspannen und die Seele baumeln zu lassen. Fortgeschrittene nutzen diese Atmosphäre auch gern, um in einigem Abstand von der Gruppe tief gehende Erfahrungen zu machen.

Was passiert, wenn bei mir (oder bei jemand anderem) ein starkes Gefühl hervorbricht?

Auch das ist völlig in Ordnung. Die Erfahrung von Nähe und Geborgenheit (und die Erinnerung an deren in der Vergangenheit erlebten Mangel) kann zu heftigen Gefühlsreaktionen führen. In der Regel findet sich ein »Nest« liebevoller Mitmenschen, die Sie in den Arm nehmen und Sie auffangen. Diese Erfahrung kann ausgesprochen wohltuend und unterstützend für alle Beteiligten wirken. In dieser Hinsicht ist ein emotionaler Zusammenbruch auch ein Geschenk echter Offenheit an Ihre Mitkuschler/-innen. Im Hintergrund steht natürlich auch das Leitungsteam für weitere Unterstützung bereit. Ein Eingreifen ist in der Regel aber nicht notwendig – die Gruppe sorgt weitgehend für sich selbst.

Kann es nicht sein, dass ich mich nach einer Kuschelparty »leer« fühle und in ein tiefes Loch falle?

Eine Kuschelparty ist in der Regel eine intensive persönliche Erfahrung, die zu heftigen emotionalen Reaktionen auch nach der Veranstaltung (und übrigens auch schon davor) führen kann. Wenn Sie sich also in psychotherapeutischer oder psychiatrischer Behandlung befinden, dann sprechen Sie mit Ihrem Therapeuten oder Ihrem Arzt über Ihre Absichten. Abhängig von der individuellen Situation des Klienten empfehlen manche Therapeuten Kuschelpartys als begleitende Maßnahme, und andere warnen davor.

Auch wenn Sie im medizinischen Sinne »normal« sind, kann die Erfahrung zu Nachwirkungen, z. B. in Form von unangenehmen Gefühlen, führen. Sei es, dass bis dahin unbewusste Erinnerungen und verdrängte Gefühle hochkommen, sei es, dass Ihnen Ihr bisheriger Wunsch nach einer solchen Veranstaltung erst richtig bewusst wird. Dies kann für Sie ein Anlass sein, sich diesen Themen zu stellen und eine Veränderung in Ihrem Leben herbeizuführen. Sie können es im homöopathischen Sinne auch als »Erstverschlimmerung« verstehen. In jedem Fall ist der Besuch der Kuschelparty nicht die Ursache des Problems, sondern nur Auslöser des Symptoms.

Kann der Besuch von Kuschelpartys eine Paarbeziehung ersetzen?

Natürlich ersetzt eine Kuschelparty keine funktionierende Paarbeziehung. Sie kann aber eine bestehende Beziehung bereichern, insbesondere, wenn der Wunsch nach Nähe und »einfach nur kuscheln« bei einem der Partner zu kurz kommt. Aber auch als gemeinsame Erfahrung beider Partner ist eine Kuschelparty möglicherweise sehr wertvoll.

Der Besuch einer Kuschelparty kann die Suche nach einer Paarbeziehung allerdings wesentlich erleichtern, und das nicht nur, weil man dort in Kontakt mit anderen sympathischen Singles kommt. Nach erfolgter Sättigung des akuten (Kuschel-)Mangels gestaltet sich die Kontaktaufnahme mit potenziellen Kandidat(inn)en wesentlich einfacher. Wer eine entspannte Zufriedenheit ausstrahlt, findet sehr viel leichter den Wunsch- oder Traumpartner.

Wie verhält man sich auf einer Kuschelparty?

- Möglichst ungezwungen und natürlich. Anspannung ist völlig überflüssig, es kann nichts Schlimmes passieren.
- Wichtig sind Offenheit und Achtsamkeit – für sich selbst, für andere und für das, was entsteht.
- Unbedingt notwendig sind Achtung und Respekt für die Grenzen der anderen Teilnehmer/-innen.
- Jede Person achtet auf sich selbst und ist für sich selbst verantwortlich, insbesondere auch dafür, die eigenen Wünsche und Grenzen bewusst wahrzunehmen und klar zu kommunizieren.
- Jede Person kann sich zu jeder Zeit aus dem angebotenen Programm ausklinken und sich in die »Auszeit-Zone« zurückziehen.
- Bei Problemen steht das Leitungsteam jederzeit zur Verfügung.

Was ist auf einer Kuschelparty unerwünscht?

Anbaggern, Anmachen, aufdringliches Verhalten, sexuelle Berührungen, Rauchen, Drogen- und Alkoholkonsum.

Warum sollen Menschen für das Kuscheln bezahlen?
Werden sie dadurch nicht zu »Kuschelkonsumenten«?
Und wird Zuneigung dadurch nicht zu einer Ware?

Wir leben leider in einer Gesellschaft, in der das natürliche menschliche Bedürfnis nach Nähe und Berührung (sowohl emotional als auch körper-lich) für viele nicht ausreichend befriedigt wird – auch wenn sie in einer Beziehung leben oder als Single ausreichend sexuelle Kontakte haben. Die häufig zu beobachtende Mangelkompensation in Form von Statussym-bolen, jeder Form von Ablenkung, Alkohol, Rauchen, Drogen etc. schafft eine Ersatzbefriedigung zu ganz erheblichen, auch finanziellen, Kosten – von den gesellschaftlichen Kosten einmal ganz abgesehen. Im Vergleich hierzu ist der regelmäßige Besuch von Kuschelveranstaltungen nicht nur wesentlich gesünder und wirkungsvoller, sondern auch sehr viel billiger.
Der von den Teilnehmer(inn)en erhobene Kostenbeitrag ist genau das: ein Beitrag zur Deckung der mit einer solchen Veranstaltung verbunde-nen Kosten. Der viel wichtigere Beitrag, den jede/-r einzelne Teilnehmer/-in leistet, ist die persönliche Präsenz und das Sich-Einlassen auf das, was an diesem speziellen Abend geschieht.

Jede/-r ist ein Geschenk für die anderen.

Kuschelregeln, Tipps und Empfehlungen

Wenn Sie an diesem Punkt angekommen sind, haben Sie sich bestimmt schon Gedanken gemacht, ob Sie einmal auf eine Kuschelparty gehen möchten. Wenn Sie noch kein klares Ja empfinden, dann sollten Sie zuerst die weiteren Kapitel lesen und anschließend an diese Stelle zurückkehren. Wenn die Antwort ein klares Ja ist, Sie aber noch etwas unsicher sind, was Sie dort erwartet und wie Sie sich verhalten sollen, finden Sie im Folgenden ein paar wertvolle Informationen und ganz praktische Tipps, die Ihnen helfen sollen, Ihren ersten Kuschelparty-Besuch zu einem vollen Erfolg werden zu lassen.

Und jetzt geht es los!
Ihr persönliches »Abenteuer Nähe« kann beginnen.
Wir gehen auf eine Kuschelparty!

Wie finde ich die nächstgelegene Kuschelparty?

Von wenigen Ausnahmen abgesehen, gibt es regelmäßige Kuschelpartys derzeit nur in größeren Städten. Für die Suche eignet sich das Internet und dort vor allem das deutsche Kuschelportal: www.alle-kuschelpartys.de

Sie finden dort ein Verzeichnis aller bekannten Kuschelveranstaltungen im deutschsprachigen Raum, also auch in Österreich und der Schweiz. Durch Anklicken der vorhandenen Links kommen Sie direkt auf die Websites der jeweiligen Anbieter und können sich dort über die lokalen Gegebenheiten informieren. Falls ein Anbieter über keine eigene Website verfügt, ist die Mail-Adresse oder Telefonnummer angegeben, sodass Sie Kontakt aufnehmen und sich persönlich informieren können. Da der

Eintrag in das Verzeichnis kostenlos erfolgt, können Sie davon ausgehen, dass alle Anbieter dort gelistet sind. Aus dem gleichen Grund kann es aber auch vorkommen, dass der eine oder andere Eintrag nicht mehr aktuell ist.

Vorbereitung

Auf einer Kuschelparty geht es zuallererst um Entspannung und als Zweites um ein gemütliches Beisammensein. Angemessen hierfür ist bequeme und kuschelige Kleidung. Bewährt haben sich Jogginghosen oder Leggings, T-Shirts und ggf. warme Socken und ein Pulli oder Sweatshirt zum Darüberziehen. Elegante oder sexy Outfits sind weniger gut geeignet, ebenso wenig Gürtel, Schmuck und andere Accessoires. Es kann sinnvoll sein, das Kuscheloutfit mitzubringen und sich erst vor Ort umzuziehen.

Auf einer Kuschelparty geht es auch um körperliche Nähe. Frisch geduscht, mit sauberer Kleidung und angenehmem Atem sind Sie ein echtes Geschenk für die anderen. Sie fühlen sich gut, und es macht den anderen Teilnehmern Spaß, Ihnen nahezukommen. Parfüm, Rasierwasser etc. sind hingegen weniger beliebt. Es empfiehlt sich, ein paar frische T-Shirts und frische Socken in Reserve zu haben. Beim Tanzen kann man ganz schön ins Schwitzen kommen.

Eine Kuschelparty ist eine angeleitete Veranstaltung mit Programm und einer intensiven Gruppendynamik. Es ist wichtig, dass alle Teilnehmer/-innen von Anfang an dabei sind. Seien Sie also bitte rechtzeitig dort. Kommen Sie lieber etwas früher, und nutzen Sie die Zeit, um wirklich anzukommen – auch und vor allem bei Ihnen selbst. Mit dem Entspannen und eventuell dem gemütlichen Beisammensein können Sie auch schon vor dem offiziellen Beginn anfangen.

Auf einer Kuschelparty

Auf einer Kuschelparty geht es um ein intensives Miteinandersein. Das Klingeln eines Handys wäre dabei überaus störend. Bitte vor Beginn der Veranstaltung unbedingt abschalten!

Eine Kuschelparty ist ein sicherer Rahmen. Es kann nichts Schlimmes passieren. Sie brauchen keine Angst zu haben und können sich völlig entspannen. Sie brauchen auch nichts zu beweisen, sich nicht darzustellen, keinen wie immer gearteten Erfolg zu haben. Seien Sie einfach Sie selbst. Sie dürfen sich ganz herzlich willkommen fühlen – so, wie Sie sind.

Sie sind zu jedem Zeitpunkt für sich selbst verantwortlich. Anleitung und Programm sollten Sie immer nur als Vorschläge verstehen. Sie dienen dazu, den Abend zu strukturieren und stellen eine »Hilfestellung« für die Kontaktaufnahme dar. Im Zweifel sind Ihre persönlichen Bedürfnisse aber immer wichtiger. Tun Sie nichts, was Sie nicht tun wollen. Achten Sie darauf, ob Sie die Anleitung als stimmig empfinden oder evtl. einen Widerstand verspüren. Gegebenenfalls freut sich die Leitung auf Ihr Feedback nach der Veranstaltung.

In der Regel gibt es eine Auszeitecke oder Ruhezone, in die Sie sich zurückziehen können, wenn Ihnen danach ist. Gönnen Sie sich die Ruhe und den Abstand, den Sie brauchen. Kehren Sie erst wieder zurück, wenn es sich für Sie richtig anfühlt. Sie brauchen sich auch nicht zu rechtfertigen oder zu entschuldigen, wenn Sie eine Auszeit nehmen. Folgen Sie Ihrem inneren Impuls, und lassen Sie sich nur auf das ein, was für Sie stimmig ist. Wenn Sie im Zweifel sind, wenden Sie sich vertrauensvoll an das Leitungsteam.

Seien Sie achtsam. Schulen Sie Ihre eigene Sensibilität. Stellen Sie sich bewusst immer wieder die folgenden Fragen: Wie fühle ich mich? Geht es mir wirklich gut? Bin ich glücklich mit dem, was gerade passiert?

Wenn ja, dann sind Sie herzlich eingeladen, dies ganz bewusst zu genießen und, wenn Sie mögen, auch mit anderen zu teilen. Wenn aber nicht, dann sorgen Sie für eine Veränderung. Sie sind für sich selbst verantwortlich! Fragen Sie sich: Was kann ich jetzt tun, um die Situation so zu verändern, dass es mir wieder gut geht, dass ich wirklich glücklich bin? Spielen Sie mit Nähe und Distanz, und finden Sie einen Weg, Ihre Bedürfnisse auszudrücken: nonverbal, verbal oder indem Sie sich an das Leitungsteam wenden.

Seien Sie absichtslos. Absichtslosigkeit ist eine innere Haltung: kein Plan, kein Wollen, kein Ziel, nicht auf der Jagd sein, Geschenke geben und Geschenke annehmen, einfach so, aus vollem Herzen. Wenn Sie das Gefühl haben, Sie müssen etwas tun, etwas festhalten etc., dann ist das ein Ausdruck des Mangels, den Sie bisher erfahren haben. Aber das ist nun Vergangenheit. Verabschieden Sie sich von dem Gedanken, dass Sie irgendetwas tun müssen. Sie dürfen ganz einfach glücklich sein.

Überprüfen Sie regelmäßig Ihr Körpergefühl, und achten Sie insbesondere auf Ihren Atem. Dieser ist ein guter Indikator für Ihr Wohlbefinden. Fühlen Sie sich entspannt? Fließt Ihr Atem ruhig und gleichmäßig? Oder empfinden Sie eine Anspannung? Hat sich Ihr Körper vielleicht sogar unbewusst verspannt?
Bewusstes tiefes Durchatmen kann helfen, eine eventuelle Anspannung auf einfache Weise loszulassen. Bleibt die Anspannung bestehen, geht der Atem ungleichmäßig, so ist das ein Hinweis darauf, dass Sie für eine Veränderung sorgen sollten.

Nutzen Sie den geschützten Rahmen der Kuschelparty als Experimentierfeld für Ihre Selbsterfahrung und Ihre persönliche Entwicklung. Hier können Sie gefahrlos Ihre bisherigen Wahrnehmungs- und Verhaltensmuster infrage stellen, Ihre selbst gezogenen Grenzen bewusst überschreiten, neue Erfahrungen machen und neue Verhaltensweisen ausprobieren. Im Gegensatz zum normalen Leben kann dabei nichts Schlimmes passieren!

Seien Sie offen für verschiedene Erfahrungen! Fixieren Sie sich nicht auf eine (oder mehrere) Person(en). Suchen Sie sich immer wieder Ihren Raum, Ihren Platz, und nicht eine/-n bestimmte/-n Partner/-in. Wechseln Sie ganz bewusst Ihre Position, um sich und den anderen neue Erfahrungen zu ermöglichen. Sie sind Teil eines »Kuschelsystems«, das sich ständig verändert und immer wieder neu formiert. Bleiben Sie im Fluss, und schwimmen Sie mit dem Schwarm!

Lassen Sie sich auch ganz bewusst auf gleichgeschlechtliche Nähe ein. Die Erfahrung einer intensiven Verbundenheit unter Männern bzw. unter Frauen kann überaus wertvoll sein.

Dies hier ist keine Singleparty. Und Kuscheln dient hier nicht der Beziehungsanbahnung. Machen Sie sich noch einmal bewusst, dass es darum geht, ganz tief zu entspannen, einen schönen Abend zu verbringen und gemeinsam glücklich zu sein.

Seien Sie ein Geschenk für Ihre Umgebung. Tragen Sie mit Ihrer Präsenz und mit Ihrer Aufmerksamkeit zum Wohlgefühl Ihrer Mitkuschler/-innen bei. Wenn Sie einen Platz für sich suchen, fühlen Sie mit dem Herzen, wo Sie willkommen sind, wo gerade jetzt Ihr Platz in diesem Rudel ist. Nehmen Sie sich Zeit, sich einzufühlen, und nehmen Sie behutsam Ihren Platz ein. Wenn dort, wo Sie sich hinlegen möchten, nicht genug Platz ist, dann bitten Sie die anderen Personen liebevoll, aber bestimmt, etwas zur Seite zu rücken.

Seien Sie respektvoll gegenüber den anderen Teilnehmer(inne)n. Achten Sie darauf, ob Ihre Annäherung auch wirklich willkommen ist. Wie viel Nähe und welche Form der Berührung wünscht sich der/die andere von Ihnen? Fühlt sich das, was Sie tun, für die andere Person wirklich gut an? Und woran merken Sie das? Im Zweifel ist weniger mehr!

Geben Sie ein klares Feedback. Signalisieren Sie unmissverständlich, was Ihnen gefällt und was nicht. Wenn sich z. B. eine Hand aufdringlich oder unangenehm anfühlt oder sich an eine unerwünschte Stelle verirrt hat, dann legen Sie sie dorthin, wo es für Sie angenehm ist, vielleicht auch ganz weg von Ihrem Körper. Sie sind zu allererst für sich selbst verantwortlich und nicht für die Bedürfnisse einer anderen Person. Wenn Sie ein Nein verspüren, drücken Sie es klar und unmissverständlich aus. Wenn Sie ein Ja verspüren, zeigen Sie es. Wenn Sie ein Vielleicht verspüren, handeln Sie wie bei einem Nein.

Achten Sie auf das Feedback, das Sie bekommen. Ein Nein ist ein Nein und wird weder infrage gestellt noch diskutiert. Ziehen Sie sich zurück. Wenn Sie kein klares Ja bekommen, fragen Sie nach oder vergrößern Sie den Abstand.

Wenn Ihnen ein anderer Mensch dauerhaft zu nahe kommt, spüren Sie bewusst, was für Sie stimmiger ist: sich abwenden, Ihren Platz behaupten oder sich einen neuen Platz suchen. Manchmal kann es eine sehr bereichernde Erfahrung sein, dann bewusst etwas anderes zu tun. Aushalten, ohne etwas zu verändern, ist aber in der Regel keine gute Lösung.

Ein negatives Feedback ist keine persönliche Zurückweisung. Es hat nichts mit Ihnen zu tun. Es zeigt nur an, dass die andere Person gerade nicht bereit ist, Ihnen nahe zu sein. Respektieren Sie das, und wenden Sie sich anderen Menschen zu. Die Chance ist groß, dass Sie dort sehr willkommen sind.[22]

---

22 Ein möglicher Grund für Zurückweisung kann ganz einfach darin liegen, dass der/die andere Sie sprichwörtlich nicht riechen mag. Eine solche geruchsmäßige Intoleranz ist – ein hygienisches Äußeres vorausgesetzt – genetisch bedingt. Es gibt nichts, was Sie dagegen tun können. Ganz bestimmt gibt es aber andere Menschen auf der Veranstaltung, die sich in Ihrer Nähe wohlfühlen, für die Ihre Gegenwart ein Geschenk sein kann.

Auch wenn Sie einen anderen Menschen zurückweisen, kann das eine kommunikative Übung und eine wertvolle Erfahrung sein. Wie können Sie diese Zurückweisung am besten kommunizieren? So, dass Sie klar und deutlich verstanden werden, ohne unnötig die Gefühle des Betroffenen zu verletzen? Und so, dass es Ihnen hinterher wieder so richtig gutgeht? Wenn dabei wider Erwarten ein Problem entstehen sollte, wenden Sie sich an das Leitungsteam. Es wird liebevoll für eine Lösung des Problems sorgen.

Auf einer Kuschelparty gibt es drei Sorten von Grenzen: Die erste ist die, die jede einzelne Person für sich selbst zieht. Er/sie hat ein Recht darauf, dass diese Grenze ohne Diskussion respektiert wird. Die zweite ist die, die das Leitungsteam nach eigenen Vorstellungen für die jeweilige Veranstaltung definiert. Und es gibt eine absolute Grenze für jede Kuschelveranstaltung: No Sex!
Berührungen im Schambereich sind in der Regel tabu, ebenso Küssen und intimes Schmusen. Alles, was in eine sexuelle Richtung geht, stört die Entstehung und Aufrechterhaltung der »Kuschelenergie«.

Es liegt in der Natur der Sache, dass es beim Kuscheln zu erotischer Anziehung und entsprechenden Gefühlen bis hin zu sexueller Erregung kommen kann. Und diese Gefühle, die gegenseitige Anziehung und die erotische Spannung, dürfen natürlich auch da sein und ganz bewusst genossen werden. Eine Kuschelparty ist aber nicht der Ort, um diese Gefühle körperlich auszuleben. Ihr erotisches Empfinden ist völlig in Ordnung, genießen Sie es und seien Sie glücklich. Und achten Sie darauf, dass sich keine Anspannung einschleicht.

Fördern Sie durch Ihr Verhalten das Entstehen der »Kuschelenergie«. Wenn Sie erotische Gefühle wahrnehmen, wenn Sie eine Absicht spüren (bei sich oder einer anderen Person), wenn sich Ihre Aufmerksamkeit auf eine Person fokussiert (oder Sie spüren, wie sich die Aufmerksamkeit eines anderen Menschen auf Sie fokussiert), wenn Sie Neid, Missgunst,

Konkurrenzdenken oder -verhalten wahrnehmen, dann droht sich die »Kuschelenergie« in etwas anderes zu verwandeln. An diesem Punkt sollten Sie innehalten und sich ganz bewusst eine Entspannungsphase oder sogar eine Auszeit in der Ruhezone gönnen. Zumindest sollten Sie ganz tief durchatmen. Vielleicht ist es jetzt auch an der Zeit, sich ganz zurückzuziehen und sich eine andere, vielleicht noch schönere Erfahrung zu gönnen.

Manchmal kommt es vor, dass sich zwei Menschen, meist ein Mann und eine Frau, »magisch« zueinander hingezogen fühlen. Natürlich ist es okay, diesem Impuls zu folgen und ein »Paar in der Gruppe« zu bilden. Wichtig ist aber, dass Sie sich noch als Teil des Rudels fühen und sich nicht von diesem »abkapseln«. Sie tragen jetzt eine besonders hohe Verantwortung für die Atmosphäre in der Gruppe.

Möglicherweise entsteht in einer solchen Situation das Gefühl, als Paar füreinander geschaffen zu sein. Das liegt zumindest zu einem Teil an der speziellen Situation, in der Sie sich befinden. In einem anderen Kontext kann sich das ganz anders anfühlen. Seien Sie offen für diese Möglichkeit. Zwei Menschen können nach wenigen Stunden in einer solchen Atmosphäre so wirken, als seien sie seit 10 Jahren sehr glücklich miteinander verheiratet. Dabei kannten sie sich vorher gar nicht – und haben hinterher möglicherweise auch gar kein Interesse, den Kontakt zu vertiefen.
Es besteht natürlich auch die Möglichkeit, dass sich aus einer solchen Kuschelbegegnung eine langfristige oder zumindest vorübergehende Partnerschaft entwickelt. Auch dafür gibt es etliche Beispiele.

Das, was hier geschieht, hat also keine Bedeutung. Sie müssen nicht darüber nachdenken. Und da alles hier keine Bedeutung hat, müssen Sie auch nichts tun. Es ist gut so, wie es ist. Entspannen Sie sich, und genießen Sie es.

Anders als hier geht es im normalen Leben sehr häufig um Bedeutung und damit verbunden um Bewertung. Immer steht auf irgendeine Weise die Frage im Raum: Was bedeutet das? Will er/sie etwas von mir? Wie soll ich darauf reagieren? Was denken die anderen von mir? Die Folge ist eine innere Anspannung, der Verlust der Leichtigkeit. Auf der Kuschelparty hat all das keine Bedeutung – egal ob Zuneigung oder Zurückweisung. Es entsteht aus dem Augenblick und für den Augenblick. Es heißt nichts. Genießen Sie es einfach so, wie es ist, und seien Sie glücklich! Sie brauchen nichts zu tun, nichts dafür und nichts dagegen.

Es geht nicht darum, den anderen Menschen zu beurteilen, zu bewerten, etwas von ihm/ihr zu wollen, zu erwarten, oder ihn/sie abzulehnen. Es geht darum, mit diesem Menschen – so, wie er/sie ist – und mit allen anderen Menschen gemeinsam glücklich zu sein. Hier und jetzt.[23]

Zu guter Letzt: Sobald die Veranstaltung offiziell begonnen hat, kann dieses Buch Ihnen nicht mehr wirklich weiterhelfen. Aber Sie haben das Recht und die Möglichkeit, Rat, Hilfe und Unterstützung von der Leitung einzufordern. Wahrscheinlich finden Sie diese Unterstützung, gerade in für Sie schwierigen Situationen, auch von anderen Teilnehmer(inne)n. Sie müssen sich nur trauen, darum zu bitten bzw. sich mit Ihrem Problem zu zeigen. Das ist dann auch eine Hilfe für andere. Die schönsten und stimmungsvollsten Veranstaltungen sind häufig die, in denen irgendjemand anfängt, sich zu öffnen, seine Gefühle zu zeigen in all seinem Leid, seinem Schmerz und seiner Hilflosigkeit. Das eint die Gruppe und bewirkt eine ganz erhebliche Steigerung der »Kuschelenergie«.

---

23 Vielleicht möchten Sie diese Einstellung auch einmal außerhalb einer Kuschelparty ausprobieren – z. B. beim Flirten im Supermarkt oder in der S-Bahn. Sie werden feststellen, dass Ihr Leben dadurch sehr viel leichter und angenehmer wird.

Nach der Veranstaltung

Sie haben es geschafft! Sie waren auf Ihrer ersten Kuschelparty.

Vermutlich haben Sie jetzt ein sehr angenehmes Hochgefühl, und möglicherweise schweben Sie einen halben Meter über dem Boden. In gewisser Weise sind sie »high« von den Wohlfühlhormonen, die Ihr Körper in den letzten Stunden ausgeschüttet hat und die in dieser Konzentration eine ähnliche Wirkung entfalten können wie bei einem leichten Alkohol- oder Drogenrausch.

Da es sich hierbei ausschließlich um körpereigene Substanzen handelt, sind die langfristigen Folgen eines solchen »Kuschelrauschs« wirklich nur positiv, sowohl physisch wie psychisch. Es gibt keine negativen Nebenwirkungen. Kurzfristig allerdings können die Folgen ähnlich sein wie nach dem Genuss von leichten Drogen, insbesondere, wenn Sie solche Dosierungen von Glückshormonen nicht gewohnt sind. Die gute Nachricht ist, dass sich der Körper bei steter Wiederholung sehr leicht und sehr schnell an den neuen »Glückslevel« gewöhnt. Es kann allerdings sein, dass Sie beim ersten Mal am nächsten Tag einen »emotionalen Kater« verspüren: ein Gefühl von Einsamkeit und innerer Leere, evtl. auch von Niedergeschlagenheit und Sinnlosigkeit. Das ist eine völlig normale Nebenwirkung und gibt sich von allein wieder.

Aus physiologischer Sicht sind möglicherweise die körpereigenen Reserven an Glückshormonen verbraucht und müssen neu produziert werden. Aus psychologischer Sicht kann es schwierig erscheinen, aus dem Hochgefühl eines Kuschelabends in den vermutlich tristeren Alltag zurückzukehren. Jetzt, wo Sie Ihr Glückspotenzial zu erahnen beginnen, erscheint Ihr »normales« Leben erst einmal wenig glanzvoll. Und es kann sogar sein, dass Themen, die schon lange verdrängt in Ihrem Unterbewusstsein geschlummert haben, sich nun (endlich!) an die Oberfläche trauen. Sie haben lange auf diese Gelegenheit gewartet, Ihnen bewusst zu werden. Begrüßen Sie sie herzlich, und gehen Sie liebevoll mit ihnen um. Sie gehören zu Ihnen.

Wenn Sie jetzt also nach Hause gehen, seien Sie achtsam mit sich selbst. Die Welt, in die Sie gleich zurückkehren, hat sich nicht verändert. Aber Sie haben sich verändert, und so etwas Alltägliches wie das Einsteigen in eine U-Bahn kann plötzlich zu einer sehr seltsamen Erfahrung werden. Vor Ihrer ersten Kuschelparty konnten Sie sich vermutlich nicht vorstellen, dass wildfremde Menschen selig miteinander kuscheln. Jetzt kommt es Ihnen möglicherweise sehr merkwürdig vor, dass sie es nicht tun.

Wie kann ich eine
Kuschelparty selbst organisieren?

Wer lieber mit vertrauten Freunden kuscheln möchte, wem der Weg zu einer existierenden Veranstaltung zu weit ist oder wer sich selbst zum Kuschelanbieter berufen fühlt, denkt vielleicht darüber nach, eine eigene Kuschelparty zu organisieren. Das ist möglicherweise eine gute Idee, denn der Bedarf ist zweifelsfrei vorhanden, auch wenn er sich nicht notwendigerweise in die erhoffte Nachfrage umsetzt. Wer heute Kuschelveranstaltungen anbietet, zählt immer noch zu den Pionieren auf diesem Gebiet.

Für eine private Kuschelparty genügt es möglicherweise, wenn die Person, die sie anleiten soll, eine ungefähre Vorstellung davon hat, wie so etwas geht – und wenn die anderen ungefähr wissen, was sie erwartet.

Für die Durchführung einer öffentlichen Veranstaltung gelten aber naturgemäß andere Maßstäbe. Hier sollte man über drei wesentliche Qualifikationen verfügen:

· Erfahrung in der Durchführung von öffentlichen Veranstaltungen
· qualifizierte Erfahrung in der Anleitung von Selbsterfahrungsgruppen
· »zwanzig Jahre Selbstreflexion«

Der dritte Punkt stammt von einem der frühen Münchner Kuschelparty-Veranstalter und ist wohl der wichtigste. Die »Kuschelenergie« entsteht zwar durch die Interaktion der Teilnehmer/-innen quasi von selbst, diese bedarf aber einer fachkundigen Anleitung. Das notwendige Handwerkszeug kann man sich relativ schnell aneignen, aber um in jeder Situation wirklich souverän »leiten« zu können, muss eine gewisse innere Abgeklärtheit vorhanden sein.

Hierzu gehört auch Klarheit über die eigene Motivation. Man sollte sich z. B. im Klaren sein, dass unter der eigenen Anleitung andere Menschen selig miteinander kuscheln werden, und man selbst darf nicht mitmachen, sondern ist dazu verurteilt, in der Leitungsposition zu bleiben. Wenn man selbst gern kuscheln möchte, sollte man sich auf jeden Fall zuerst durch eigene Teilnahme »satt kuscheln«, bevor man daran denkt, die Leitung einer solchen Veranstaltung selbst zu übernehmen.

Schwierig wird es auch, wenn man am Kuscheln selbst gar nicht wirklich interessiert ist, sondern eigentlich etwas anderes transportieren möchte, egal ob es sich dabei um spirituelle Inhalte, um spezielle Rituale oder z. B. um Tantra-Erfahrungen handelt.

Wer sich aber wirklich berufen fühlt, ist im Kreise der Kuscheltrainer/-innen sehr herzlich willkommen. Es erwarten ihn oder sie eine erfüllende Aufgabe und viele interessante Erfahrungen sowie reiche persönliche Entlohnung, wenn auch nicht unbedingt finanzieller Natur.

Schon die bloße Teilnahme an einer Kuschelparty kann ein großer Schritt für die eigene persönliche Entwicklung sein. Das Veranstalten und/oder Anleiten ist eine ungleich größere Herausforderung – und eine ungleich größere Entwicklungschance.

Ausbildung zum/zur Kuscheltrainer/-in

Aus dem eben Gesagten sollte klar geworden sein, dass ein Wochenend-Ausbildungskurs zum Kuscheltrainer bzw. zur Kuscheltrainerin keine wirkliche Qualifikation darstellen kann. Er kann aber eine wertvolle Ergänzung zu einer bereits vorhandenen Qualifikation sein, wenn er in einem sinnvollen Rahmen und unter fachkundiger Leitung stattfindet.

Über die mit Abstand größte Erfahrung in der Durchführung solcher Ausbildungs-Workshops verfügt im deutschsprachigen Raum Rosi Döbner, die Begründerin der deutschen Kuschelparty-Szene. Ihre Angebote finden Sie unter **www.die-kuschelparty.de**

Weitere Angebote finden Sie auf **www.kuschel-akademie.de** und auf **www.kuscheltrainer-in.de.**

Die beiden letztgenannten Websites werden vom Autor betrieben.

Freude, schöner Götterfunken,
Tochter aus Elysium,
wir betreten feuertrunken,
Himmlische, dein Heiligtum!
Deine Zauber binden wieder,
was die Mode streng geteilt;
alle Menschen werden Brüder,
wo dein sanfter Flügel weilt.

Friedrich Schiller, An die Freude
Ludwig van Beethoven, 9. Symphonie

Teil 3:

DAS PHÄNOMEN
»KUSCHELENERGIE«

Ich lebe seit Jahren in einer festen Partnerschaft. Wenn mein Freund mich 10 Minuten einfach nur im Arm hält und sanft streichelt, dann ist das für mich der größte Beweis seiner Liebe. Mehr Glück habe ich in meinem ganzen Leben noch nicht erlebt. Und jetzt komme ich hierher, und ein völlig fremder Mann streichelt mich fast eine ganze Stunde lang, ohne irgendetwas von mir zu wollen. Das gibt mir sehr zu denken.

Aussage einer Teilnehmerin in der Abschlussrunde
Kuschelparty München, November 2011

In der Physik ist die »Energie« eine fundamentale Größe, die auf viele verschiedene Arten definiert werden kann. Zu den bekannten Energieformen zählen z.B. die potenzielle, die kinetische, die chemische, die elektrische oder die Wärmeenergie. Es ist sehr fraglich, ob die von uns beobachtete und hier vorgestellte »Kuschelenergie« ebenfalls eine solche Energieform darstellt. Wohl eher nicht.

In der Esoterik stellt der Begriff der »Energie« etwas völlig anderes dar. Dort wird Energie eher als feinstofflicher Gegenpol zur gröberen Materie verwendet, wobei sich auch der Materiebegriff von dem der Physik deutlich unterscheidet. Umgangssprachlich würde man wohl eher von »gefühlter Atmosphäre« sprechen: Irgendwie kann man es vielleicht wahrnehmen, aber nicht wirklich definieren. Die Grenze zur Einbildung ist dabei häufig fließend.

Die »Kuschelenergie« ist hingegen etwas sehr Reales. Das kann jeder bestätigen, der sie schon einmal erlebt hat. Sie ist darin dem »Systemischen Effekt« (Stichwort: System-Aufstellung) und dem »Placeboeffekt« (Stichwort: Medikamentenwirkung) ähnlich. Auch dabei ist die Wirkung unbestritten, aber niemand kann bisher erklären, was es wirklich ist und wie es genau funktioniert.

Der Begriff »Kuschelenergie« ist also wohl etwas unglücklich gewählt, wie sich ja auch der Begriff »Kuschelparty« als eine unglückliche Wahl erwiesen hat. Das »Kuscheln« ist nicht das, was 95 % der erwachsenen Bevölkerung darunter versteht, und die »Energie« ist nicht das, was die Physiker darunter verstehen. Das passt zu der Tatsache, dass die »Party«, im landläufigen Sinn, eigentlich auch keine ist.

Erfahrungen, Beobachtungen und Reflexionen

»Wie ich die ›Kuschelenergie‹ erfahre«

**von LuciAnna Braendle, Kuscheltrainerin, Winterthur
mit Zitaten von Teilnehmenden von www.ZeitZumKuscheln.ch in Zürich**

Ein nährender Ozean der Liebe

Wenn ich kuschle, vergesse ich die Welt, vergesse ich meine alltäglichen Sorgen. Ich merke, wie meine innere Kritikerin still wird. Ich bin überrascht, wie wenig es mir ausmacht, ob jemand groß oder klein, alt oder jung, blond oder schwarzhaarig, Mann oder Frau ist. Es geschieht einfach. Es sind die Berührung, die Nähe und die Wärme, die ich genieße. Mein Atem wird langsamer. Mein Körpergefühl wird weit. Ich spüre, wie mein Herz aufgeht.
Manchmal stehe ich am Rand des Kuschelhaufens und versuche, herauszufinden, wo ich mich dazulegen könnte. Meine Lieblingsstellen sind die, die so aussehen, als hätte da niemand mehr Platz. Wenn ich solche Stellen finde, dann reicht es meist, wenn ich ein Bein oder einen Arm etwas anders hinlege. Dann kann ich mich hineinschlängeln wie in eine kleine Höhle. Zum Schluss liege ich da, umgeben von weiß-auch-nicht-wie-vielen Menschen, die mich alle berühren. Und es ist so schön! So wohlig. Es wird überall warm. Und nicht nur warm, nicht wie mit einem Heizkissen

oder einer Wärmflasche. Es ist das Lebendige an dieser Wärme, das mir so guttut. Die Herzenergie, die durch diese Wärme fließt – von all den Körpern, mit denen ich in Kontakt bin. Ich fühle mich aufgehoben, zugehörig, behütet, ja, manchmal sogar geliebt. Und sicher, sehr sicher.

Oft kommt mir das Bild von einem Ozean aus Herzenergie, einem Feld von Liebe. Nicht diese Liebe, die etwas möchte, sondern die Liebe, die einfach ist und fließt, wenn Menschen sich wohlfühlen. Ein Teilnehmer beschrieb es mal so: »Nach dem Kuscheln habe ich oft das Gefühl, frisch verliebt zu sein. Verliebt in alle, die dabeigewesen sind, verliebt in das Leben, verliebt in alle schönen Momente, die noch kommen werden.«

Dieses Bild des Ozeans taucht nicht nur dann in mir auf, wenn ich mitten in einem Kuschelhaufen liege, wohlig behütet von vielen Menschen. Nein, es taucht auch auf, wenn ich am Rand sitze. Das Feld der Liebe, der Ozean der Herzen schwappt über den Rand hinaus. Ich kann mich auch dann davon nähren, wenn ich nicht selbst aktiv bin.

Und das Gefühl des Genährtseins dauert an, meist über mehrere Tage. Einer der Teilnehmer eines Kuschelsonntags sagte: »Ich habe ein entspanntes Gefühl, als hätte ich drei Tage am Strand gelegen. Ich bin aufgetankt und bereit, wieder in den Alltag einzusteigen.« Andere beschreiben, wie sie »leicht wie eine Feder und beschwingt zur Arbeit gegangen« oder »wie auf rosa Wolken spaziert« sind.

Achtsames Erfahren, Experimentieren und Lernen

Wir ermuntern unsere Teilnehmenden, den Kuschelraum auch als Experimentierraum zu nutzen und zu beobachten, was bei ihnen passiert, wenn sie jemandem nahe sind, wenn sie ihr Nein-Sagen üben, wenn unerwartete Gefühle auftauchen und anderes mehr. Wir bekommen wunderbare Erkenntnis-Feedbacks dazu.

Teilnehmende merken zum Beispiel, dass es reicht, ihre Augen zu schließen, um den Menschen plötzlich ohne Vorurteile begegnen zu können. Eine Frau beschreibt, wie sie beim Kuscheln in der Gruppe lernt, selbstbestimmt, achtsam und mitfühlend zu sein. Für Menschen, die immer wieder teilnehmen, öffnet die Kuschelenergie die Augen und Herzen auch in ihrem Alltag. Sie beginnen, die Leute um sich herum unvoreingenommener wahrzunehmen, haben weniger Angst vor Kontakt, lassen sich auch mal von sich selbst überraschen.

Ein Mann, der große Ängste davor hatte, Menschen zu berühren, kam im Laufe seiner Psychotherapie zum Kuscheln. Er beschrieb: »Kuscheln hat eine riesige, erdende Wirkung. Überall dort, wo Berührung ist, empfinde ich eine Art Boden. Ich bin stolz darauf, dass ich mit ›fremden‹ Leuten kuscheln konnte, ohne Angst und mit positiven Erfahrungen.«

Manchmal tauchen während des Kuschelns auch Schattenseiten oder schwierige Gefühle auf. Längst Vergessenes oder Verdrängtes kommt an die Oberfläche. Dann gibt es Raum zum Traurigsein, zum Weinen, zum Gehalten-, Umarmt- und Gekuscheltwerden. »Es berührt mich tief, zu spüren, dass ich es wert bin, umarmt zu werden«, sagte eine Frau.

Es kann auch sein, dass jemand in sich plötzlich einen Konflikt spürt zwischen dem Bedürfnis nach Nähe und danach, sich vor möglicher Ablehnung zu schützen. Der Kuschelrahmen ist eine Chance, diesen Gefühlen nachzugehen und auszuprobieren, was möglich ist, wenn die Empfindung mangelnder Zugehörigkeit plötzlich auftaucht. In der Kuschelgruppe ist die Schwelle niedriger als an anderen Orten, solche Ängste zu überwinden. Die wohlwollende Athmosphäre hilft dem Einzelnen, wieder in das Gefühl des Angenommenseins einzutauchen – zum Beispiel, indem er sich bei jemandem ankuschelt. Eine schöne und sanfte Art, zu lernen, dass eigene Schritte immer wieder zur Zugehörigkeit führen.

Absichtslos Berühren

Im klaren und achtsamen Rahmen lernen Menschen auch (wieder), dass Berührung nicht unbedingt zu Sex oder zu einer anderen Verpflichtung führen muss. Eine Teilnehmerin fand es sehr entspannend, dass sie nicht zuerst prüfen musste, ob sie sich denn ihren Kuschelpartner auch als Partner fürs Leben vorstellen könnte. Sie fand es toll, dass man die Freiheit hat, »schöne Erlebnisse auch einfach mal so stehen zu lassen, ohne dass sich daraus etwas ergeben muss.«

Männer geben uns immer wieder die Rückmeldung, dass es sehr entspannend ist, einer Frau nah zu sein, ohne irgendwelche Erwartungen erfüllen zu müssen: »Zuerst fand ich es ja ein bisschen komisch, dass ihr keinesfalls wollt, dass wir hier sexuelle Gefühle ausleben. Aber jetzt verstehe ich es. Ich konnte körperliche Nähe noch nie so entspannt genießen.« Manche Teilnehmenden wundern sich sogar, dass gar keine sexuellen Gefühle auftauchen, obwohl sie einander sehr, sehr nahekommen beim Kuscheln. Frauen freuen sich darüber, Männer von einer zärtlich-kuscheligen Seite kennenzulernen, »wo die doch sonst immer nur das eine wollen«.

Für viele wird beim Kuschelabend zum ersten Mal klar, was der Unterschied zwischen (entspannender) Kuschelenergie und (anregender) sexueller Energie ist. So ist es auch für viele neu, dass man sich aktiv entscheiden kann, wohin man die eigene Energie steuern möchte.

Einzigartige Momente

Kuscheln ist eine Möglichkeit, zu lernen, tief zu entspannen, zu genießen und zu heilen. Es bietet Raum dafür, die eigenen Grenzen zu erkunden, Neues auszuprobieren, sich immer wieder überraschen zu lassen von sich selbst und gleichzeitig aufzutanken für den Alltag. Beim Kuscheln öffnet sich das Herz, man erfährt Zugehörigkeit, Geborgenheit und Wertschätzung. Der Kuschelraum erlaubt es, so zu sein, wie man sich gerade jetzt in diesem Moment fühlt. Jede Kuschelgruppe ist einzigartig, und die Kuschelenergie ist immer geprägt von der Einzigartigkeit der Teilnehmenden.

Zum Schluss gebe ich das Wort nochmals einer Teilnehmerin: »Wie rund und genährt wir alle herauskamen! Das Strahlen in den Augen! Das waren purer Frieden und Glück.«

Wie »Kuschelenergie« entstehen kann

Geben ist seliger als Nehmen.

Apostelgeschichte 20,35

Zu Beginn von Teil 1 hatten wir von einem anderen Weg zum Glücklich-sein gesprochen. Hierauf wollen wir nun zurückkommen. Es geht dabei um die Frage, wie man aus einem empfundenen Mangel gemeinsam zur Fülle gelangen kann. Dies wollen wir an einem thematisch verwandten und vielleicht etwas anschaulicheren Beispiel erklären: [24]

Im Münchner »Oasis« (s. Abschnitt »Wasserkuschelparty«) wurde bis zu seiner bedauerlichen Schließung im Januar 2011 folgende Tradition gepflegt:[25]
Integraler Bestandteil jeder Veranstaltung war ein gemeinsames Essen von einem Buffet, um das man am Boden kreisförmig herum saß. Jede/-r Teilnehmer/-in brachte hierfür eine Kleinigkeit mit und legte sie irgend-wo in den offenen Raum in der Mitte. Die Leitung kümmerte sich um den Rahmen wie Tischdecke, Deko, Geschirr, Besteck, etc.
Jede/-r brachte mit, was er/sie wollte, es gab keine Vorgaben und keine Koordination.
Einer brachte vielleicht nur ein Stück Brot, die andere einen großen Topf selbst gemachten Eintopf, der Dritte etwas Süßes zum Dessert, die Vierte vielleicht einen Salat oder Rohkost. Viele Beiträge erschienen auf den ers-ten Blick vielleicht etwas kümmerlich. Bei einer typischen Teilnehmerzahl von ca. 15 Personen kam aber auf jeden Fall eine ordentliche Menge und

---

24 In den Abschnitten »Physiologische Aspekte« und »Entwicklungspsychologi-sche Aspekte« waren wir bereits auf zwei andere Aspekte eingegangen, die vermut-lich an der Entstehung der »Kuschelenergie« beteiligt sind.
25 Zum allgemeinen Bedauern konnte der bestehende Vertrag zur Nutzung der Räumlichkeiten nicht verlängert werden. Die hier beschriebene Tradition wird aber u.a. beim Kuscheligen Weihnachtsabend in München fortgeführt.

eine große Vielfalt zusammen. Der »Mangel« des Einzelnen verwandelte sich in »Fülle«, sobald er mit den anderen geteilt wurde. Jede/-r Einzelne hatte nur eine Kleinigkeit mitgebracht und fand sich trotzdem vor einem gewaltigen, leckeren Buffet wieder.

Wir können an diesem Beispiel erkennen: Auch wenn viele Menschen scheinbar Mangel erleben, können sie gemeinsam eine große Fülle und Überfluss kreieren, wenn sie vertrauensvoll das teilen, was sie haben. Ganz abgesehen vom rein kulinarischen Aspekt ist es wohl für jede/-n befriedigender, gemeinsam vor einem großen Buffet zu sitzen, als alleine das zu essen, was er/sie mitgebracht hat. Durch das Sitzen im Kreis, das Herumreichen der Speisen und das gerechte Aufteilen der bevorzugten Leckereien ergeben sich zudem positive kommunikative und atmosphärische Aspekte. Eine Kuschelparty folgt im Grunde dem gleichen Prinzip: Jede/-r bringt ein bisschen was von sich in die Gruppe ein, und auch, wenn das zunächst nicht viel erscheint, trägt es doch zu der gemeinsamen Vielfalt und der entstehenden Fülle bei. Entscheidend ist die Bereitschaft, sich zu öffnen und zu der Entstehung der »Kuschelenergie« beizutragen. Ähnlich wie bei dem Buffet kann aus dem Mangel des Einzelnen eine Fülle für alle entstehen. Und ähnlich wie beim Buffet kann sowohl das Geben wie das Nehmen eine sehr befriedigende Erfahrung sein. Auch ein gesunder Appetit ist ein wertvoller Beitrag, denn wer nimmt schon gern halbvolle Schüsseln wieder mit nach Hause?

Alle aßen und wurden satt. Und von den übriggebliebenen Brotstücken hoben sie noch zwölf Körbe voll auf. Etwa fünftausend Mann waren satt geworden, nicht gerechnet Frauen und Kinder.

Matthäus 14, 20 f

Genau wie für die Entstehung der Fülle am Buffet gibt es auch für die Entstehung der »Kuschelenergie« auf einer Kuschelparty einige wichtige Voraussetzungen:

Der *erste Punkt* ist Offenheit und die Bereitschaft, sich einzubringen.

Der *zweite Punkt* ist Wertschätzung für das, was da ist. Niemand kann wirklich genießen, wenn er/sie das Gefühl hat, dass der eigene Beitrag oder die eigene Person abgelehnt wird. Alles ist willkommen und ein Geschenk an die Gruppe. Wie bei einem Buffet kann ich auch bei einer Kuschelparty höflich und dankend ablehnen. Aber vielleicht lasse ich mich ja auch darauf ein, etwas Fremdartiges auszuprobieren und mich überraschen zu lassen. Natürlich wäre es völlig falsch, mich einer anderen Person zuliebe auf etwas einzulassen, was ich nicht will. Wichtig ist aber, wie ich diese Ablehnung kommuniziere. Nämlich möglichst so, dass ich die andere Person nicht verletze. Dabei kann es hilfreich sein, von der eigenen Wahrnehmung zu sprechen oder eine fehlplatzierte Hand einfach sanft beiseite zu schieben – im Sinne »gewaltfreier Kommunikation«. Wer aber ein vorsichtiges und liebevolles Nein nicht versteht, darf auch einen Schuss vor den Bug bekommen. Das ist allemal besser, als sich auf einen faulen Kompromiss einzulassen. Nur wenn ich mit mir selbst im Reinen bin, kann ich mich völlig entspannen und zur Bildung der »Kuschelenergie« beitragen. Und mein eigener Beitrag ist mit Abstand der wichtigste!

Der *dritte Punkt* ist die Bereitschaft, das, was da ist, ehrlich und freimütig zu teilen. Wie in einem Rudel – aber zivilisiert und gerecht. Genau wie beim Buffet sollte ich von vielen Dingen kosten, aber nicht ein Gericht für mich allein beanspruchen. Neid, Gier und die damit verbundenen Verhaltensweisen (Verlangen, Habenwollen, unumsichtiges Zugreifen) wirken sich negativ auf die allgemeine Wahrnehmung der Fülle aus. Und dadurch wird auch die »Kuschelenergie« gestört. Dies ist der Punkt, an dem Paarbildung und sexuelle Energie ins Spiel kommen. Sie können ein erhebliches Hindernis für die Entstehung und Aufrechterhaltung der

»Kuschelenergie« darstellen. Sehr vorteilhaft und ein großer Katalysator ist hingegen ein Kuschel- oder ein Glückshaufen, bei dem alle zusammenstehen oder -liegen. Dort entsteht die »Kuschelenergie« fast genauso automatisch wie die Fülle bei einem reichhaltigen Buffet.

Der *letzte Punkt* ist die persönliche Hygiene. So, wie man erwarten kann, dass die Speisen für ein Buffet nach allgemeinen Grundsätzen der Sauberkeit und Ästhetik zubereitet und angerichtet werden, so sollte man auch von Teilnehmer(inne)n einer Kuschelparty erwarten dürfen, dass sie sich entsprechend vorbereiten. Auch bei diesem Punkt gilt es, andere auf eventuelle Versäumnisse angemessen hinzuweisen.

Begegnung und Kohärenz

Das Bedürfnis nach Zugehörigkeit und Gemeinschaft spielt bei einem sozialen Wesen wie dem Menschen eine wichtige Rolle. Beobachten lässt sich dies, außer in Familie, Beziehung und Freundeskreis, z. B. auch auf Großveranstaltungen wie dem Münchner Oktoberfest, dem Rheinischen Karneval, bei Fußballspielen oder Popkonzerten. Dort kommen z.T. riesige Menschenmengen zusammen, um genau diese Gemeinschaft zu erleben. Auch Kneipen, Diskotheken und Partys aller Art dienen primär dem Wunsch, nicht allein sein zu müssen.
Basis der gefühlten Zusammengehörigkeit ist bei solchen Veranstaltungen das gemeinsame Erleben im Hier und Jetzt. Gegebenenfalls dienen Alkohol und andere Drogen dem Abbau von Hemmschwellen. Die Qualität zwischenmenschlicher Begegnungen ist eher gering, echte Nähe entsteht nur in Ausnahmefällen. Auch die Erfahrung von Kohärenz[26] innerhalb der Gruppe ist in der Regel nicht besonders ausgeprägt. Trotzdem

---

26 Der Begriff der Kohärenz wird hier nicht im Sinne von Kohäsion verwendet. Es geht hier weniger um Bindung an als um Harmonie in der Gruppe, im Sinne eines empfundenen »Gleichschwingens«.

sind hinterher viele Teilnehmer/-innen recht zufrieden mit dem Erlebten: »Schee war's!« – was durchaus auch an der eher gering ausgeprägten Erwartungshaltung und einer durch die äußeren Umstände (z. B. laute Musik) eingeschränkten Wahrnehmung liegen mag.

Bei Kuschelveranstaltungen ist demgegenüber die Qualität der Begegnung um ein Vielfaches höher, und diese wird als dementsprechend beglückender empfunden. Hemmschwellen verschwinden durch qualifizierte Anleitung und die dadurch entstehende angenehme, ruhige und sichere Atmosphäre. Alkohol und Drogen sind überflüssig, dafür werden große Mengen körpereigener Glückshormone ausgeschüttet. In kürzester Zeit entsteht die Vertrautheit einer innigen, fast familiären Beziehung zwischen den Teilnehmer/-innen, ohne dass die aus dem eigenen familiären Kontext eventuell bekannten Probleme und Belastungen auftreten. Auf der Basis dieser innigen Nähe entsteht wahrscheinlich auch die von außen deutlich wahrnehmbare Kohärenz in der Gruppe.[27] Dieses aus Gruppenmeditationen bekannte Phänomen bewirkt auch hier eine wesentlich größere Intensität und Tiefe der persönlichen Erfahrung jedes/-r Einzelnen. Vermutlich handelt es sich hierbei um einen Aspekt des in Abschnitt »Qualitätssprung durch Resonanz« diskutierten Resonanzeffekts zwischen den Teilnehmer(inne)n. Man könnte auch von einem »Feldeffekt« sprechen.

Diese Kombination von Begegnungsqualität und Gruppenkohärenz ist kennzeichnend für eine gut angeleitete Kuschelveranstaltung und trägt wohl wesentlich zum Entstehen der »Kuschelenergie« bei.

---

27 Der Effekt ist besonders gut wahrnehmbar, wenn man zu spät zu einer Veranstaltung kommt und sich bereits »Kuschelenergie« aufgebaut hat. Dann fühlt es sich für den Neuhinzukommenden an, als würde er gegen eine Wand laufen, und erst nach einer längeren Zeit des »Einschwingens« kommt ein Gefühl von Zugehörigkeit auf. Um Teilnehmer(inne)n diese als negativ empfundene Erfahrung zu ersparen, und auch, um die damit einhergehende Störung der Veranstaltung zu verhindern, wird allgemein auf pünktliches Erscheinen Wert gelegt.

Die Psyche öffnet sich von innen

von einem guten Freund und langjährigen Weggefährten

Kuscheln ist so eine Art Berührungsmeditation – Achtsamkeit über Berührungen. Von anderen berührt zu werden, ist etwas anderes, als wenn man sich selbst berührt.

Man erhält Aufmerksamkeit von anderen in Form von Berührung. Oft kann man sich diese selbst nicht geben, weil Selbstzweifel und -kritik im Weg stehen.

Durch das Berührtwerden, womit man in der Regel etwas Gutes, Schönes verbindet, dringt die Schönheit in einen ein.

Anerkennung kann man einander auch mit Worten geben oder durch ein Lächeln. Das wirkt auch. Aber durch die körperliche Berührung findet eine enorme Aufmerksamkeits-Intervention in das eigene System statt, was von den meisten als angenehm empfunden wird. Wenn nicht, liegt eine Störung im eigenen System vor oder war die Berührung nicht absichtslos.

Normalerweise wird man nur von Personen berührt, denen man vertraut. Wenn das Vertrauen ganz tief in einem sitzt, dann öffnet sich die Psyche von innen.

Haben wir aber viele schlechte Erfahrungen gemacht, auch und besonders in der Kindheit, haben wir kein Vertrauen zu anderen Menschen.

Es ist völlig normal, wenn wir uns nicht von fremden Menschen berühren lassen wollen. Wir wollen den anderen erst einmal mit den anderen Sinnen einschätzen. Der Seh- und der Hörsinn arbeiten mit Abstand. Das ist ungefährlicher. Wenn ich jemanden an mich heranlasse, bin ich ihm schutzlos ausgeliefert. Das ist zumindest die Erfahrung, die ich als kleines Kind gemacht habe. Und der andere glaubt ja vielleicht auch, jetzt, wo er mir ganz nah ist, kann er machen, was er will.

Da ist es gut, dass eine Kuschelparty einen ganz sicheren Rahmen bietet. Man kann die Berührung ganz langsam, im eigenen Tempo, ausprobieren. Niemand muss etwas tun, was er nicht will. Es gibt keinen Gruppendruck, und man wird nicht von Leuten berührt, die man nicht mag. Man muss auch niemanden berühren, den man nicht berühren will. Es wird Rücksicht auf die eigenen Befindlichkeiten genommen.

So kann man seine Scheu überwinden. Die Psyche öffnet sich, und ein neuer Bewusstseinszustand entsteht – der dann in der Gruppe zu dem Phänomen der Kuschelenergie führt.

Eine große Familie, die viel freien Raum gibt

Alle entspannen sich, und es kommt ein großer Frieden über die Gruppe.

persönliche Erfahrung des Autors

Liebe und Geborgenheit kennen und erwarten wir, wenn überhaupt, am ehesten im Kontext von Partnerschaft und Familie. Und wenn wir Glück haben, dann finden wir sie dort auch.

In unserer eigenen Herkunftsfamilie haben wir aber häufig Defizite erfahren müssen. Jetzt suchen wir unbewusst nach dem, was uns in unserem eigenen Familienkontext gefehlt hat. Gleichzeitig suchen wir aber nach vertrauten Strukturen, die uns das Gefühl von Sicherheit geben. In einer ausreichend großen Kuschelgruppe kann ich in der Regel beides gleichzeitig finden. So kann ich Erfahrungen machen, die mir wirklich guttun, und sehr schnell das Gefühl entwickeln: Das hier, das ist meine wirkliche Familie. So – oder zumindest so ähnlich – hätte sie sein müssen.

Was für eine Wohltat, einmal Teil einer richtig großen Familie zu sein! Noch dazu, wenn dort nicht (wie in vielen real existierenden Familienverbänden) Kälte und Streit regieren, sondern echte Liebe und Geborgenheit. Wenn ich mich wirklich angenommen fühlen kann – von ganz vielen. Wenn ich einfach dazugehöre, ohne mich verbiegen und anpassen zu müssen. Wenn ich mich einbringen kann, so, wie ich bin. Wenn da ganz viel freier Raum ist, in dem ich mich entfalten kann.

Auf einer Kuschelparty bildet sich eine Art (Groß-)Familie auf Zeit. Hier kann ich Geborgenheit finden, ohne die emotionalen Kosten und ohne die systemische Belastung, die damit in einer traditionellen (Klein-)Familie verbunden sein können.
Der gewachsene Kontext einer echten Familie wird häufig als eng und starr empfunden. Eine Kuschelgruppe bildet sich hingegen spontan, hat also so gut wie keine Vorgeschichte und nur wenige wirklich feste systemische Randbedingungen. Hier kann ich so sein, wie ich bin.
In der sich bildenden Kuschelszene kann ich auch eine Familie auf Dauer bzw. für längere Zeit finden: Menschen, die mir sehr schnell ans Herz wachsen und die vielleicht Teil meiner persönlichen Entwicklungsgeschichte werden. Und mit denen ich immer wieder glückliche Stunden verbringe.
Besonders berührende Situationen und eine ebensolche Atmosphäre können entstehen, wenn behinderte oder anderweitig hilfsbedürftige Personen an einer Kuschelparty teilnehmen. Die notwendige Fürsorge verstärkt die absichtslose Liebe in der Gruppe und strahlt auf alle Teilnehmer/-innen aus. Auch Schwangere können einen ähnlichen Effekt auf eine Veranstaltung haben, wenn sich die Gruppe ganz bewusst um sie herum versammelt.[28] Dann kommt ein echtes Familiengefühl auf.

Und auch, wenn wir am Ende vielleicht doch keine »richtige« Familie sind, so gehören wir doch alle zum gleichen »Kuschelstamm«, was für viele von uns gefühlsmäßig eine stärkere Verbindung darstellt als manche familiäre Bindung.

---

28 Schwangeren wird Kuscheln ganz besonders empfohlen, da es, wie bereits in »Lagerfeuer und Bärenfell« erwähnt, die spätere Mutter-Kind-Bindung positiv beeinflusst.

Ich kuschle, also bin ich

»Dubito ergo cogito. Cogito ergo sum.« (Ich zweifle, also denke ich. Ich denke, also bin ich.) Dieses berühmte Zitat von René Descartes wurde wegweisend für die moderne Wissenschaft. Aber Zweifeln und Denken sind nur ein vergleichsweise kleiner Teil dessen, was in unserem Bewusstsein – und in unserem Unterbewusstsein – passiert.

Wenn ein anderer Mensch bewusst meine Hautgrenze berührt, bestätigt er damit meine körperliche Existenz. Ich kann ganz konkret wahrnehmen, dass ich real existiere: Ich spüre eine Berührung, also bin ich. Und nicht nur ich, offenbar ist da auch noch jemand anderes, der mich berührt. Wenn ich gleichzeitig von vielen Menschen berührt und gestreichelt werde, entsteht eine völlig neue und ungewohnte Realität. Ich kann die einzelnen Berührungen nicht mehr zuordnen. Ich bin umgeben von einem Meer von Berührungen, von Sein. Meine Grenzen öffnen sich, und ich werde Teil von etwas Größerem. Es kuschelt, also existiert es. »Wir« sind nicht mehr getrennt.

Wenn ich mich angenommen fühle, bestätigt dies meine emotionale Existenz. Ich kann mir selbst, meinen Wahrnehmungen, meinen Gefühlen vertrauen. Meine Aufregung legt sich. Stress fällt von mir ab. Es ist so, wie es ist, und es ist gut so. Ich fühle mich selbst, also bin ich.

Wenn ich dazugehöre, wenn ich meinen Platz gefunden habe, dann bestätigt das meine soziale Existenz. Ich bin ein anerkannter Teil der Gruppe. Meine Existenz ist gesichert. Ich fühle mich sicher und geborgen. Nichts kann mir passieren. Ich gehöre dazu, also bin ich.

Wenn ich mich immer mehr entspanne, wenn mein Geist zur Ruhe kommt, wenn meine Gedanken Pause machen, dann kann ich mich öffnen für die Erfahrung des reinen Seins, so, wie es z. B. die Buddhisten kennen. Ich erfahre mich selbst, also bin ich. (Auch wenn ich nicht zweifle und nicht denke, oder vielleicht gerade deshalb.)

Wenn ich also kuschle, dann bin ich – wirklich ich.

Oder, um es mit Johann Wolfgang
von Goethe zu sagen:

»Hier bin ich Mensch, hier darf ich's sein.«

Erklärungsmodelle

Bereits in Teil 1 waren wir ausführlich auf die verschiedenen positiven Wirkungen des Kuschelns eingegangen. Wir fassen noch einmal kurz zusammen:

- Auf der körperlichen Ebene sorgen sanfte, angenehme Berührungen für die Ausschüttung von verschiedenen Glückshormonen.
- Auf der emotionalen Ebene aktiviert die Erfahrung, unbedingt angenommen zu werden und so sein zu dürfen, wie ich bin, ein Gefühlsspektrum von satter Zufriedenheit bis hin zu himmlischer Glückseligkeit.
- Dies wird auf der systemischen Ebene durch die Erfahrung bedingungsloser Zugehörigkeit zu dem spontan entstehenden »Kuschelrudel« unterstützt. Die Erfahrung von Sicherheit und Ordnung ermöglicht darüber hinaus Gefühle und Handlungen, die sonst nur in intimen Beziehungen üblich sind.
- Auf der geistigen Ebene ermöglicht nichts tun zu müssen und einfach nur genießen zu dürfen eine vollständige Entspannung und führt in einen meditativen Bewusstseinszustand.

Wir hatten auch darauf hingewiesen, dass sich diese Effekte durch gezielte Anleitung und die Wirkung der Gruppendynamik gegenseitig verstärken können, sodass in kurzer Zeit eine sehr intensive Stimmung, ja, geradezu eine magische Atmosphäre im Raum entsteht. Das ist es, was wir in diesem Buch als »Kuschelenergie« bezeichnen. Wir wollen nun versuchen, diesem Phänomen noch etwas tiefer auf den Grund zu gehen und – natürlich nur spekulativ – verschiedene Erklärungsmodelle hierfür zu finden.

Lagerfeuer und Bärenfell

Hierfür müssen wir uns als Erstes klarmachen, dass der Mensch der Steinzeit, der in uns allen fortlebt, ein Rudeltier war. Er lebte in Gruppen. Single-Dasein und Kleinfamilie waren in seiner Existenz nicht vorgesehen. Sich gegenseitig zu wärmen, die anderen zu berühren, sie zu riechen, einen Platz in der Horde zu haben, Zuneigung zu geben und zu bekommen, die gemeinschaftliche Erfüllung der eigenen Bedürfnisse, das war völlig selbstverständlich und sowohl für das Überleben wie auch für die erfolgreiche Aufzucht von Nachwuchs unabdingbar.

Als Zweites gilt es, zu verstehen, dass der menschliche Körper (so wie bei jedem Tier) sein Überleben und seine Fortpflanzung mit einem komplexen Belohnungssystem sichert. Wir fühlen uns gut unter Bedingungen, die in der Vergangenheit gut für uns waren. Wir fühlen uns unsicher und gestresst, wenn diese nicht erfüllt sind.

Um das Phänomen des gemeinsamen Glücklichseins zu verstehen, müssen wir jetzt nur noch Eins und Eins zusammenzählen. Das allgemeine Wohlbefinden, das bei einzelnen Kuschelparty-Teilnehmer(inne)n bis hin zu einem intensiven Glücksgefühl reichen kann, entsteht, weil diese Teilnehmer(inne)n Bedingungen wiederfinden, wie sie einen Steinzeitmenschen glücklich und zufrieden gemacht hätten. Gleichzeitig klinken sie sich zumindest vorübergehend aus ihrer normalen Umwelt aus, die sie stresst und dadurch unglücklich und unzufrieden macht. Dies löst bei ihrem körperlichen Belohnungssystem eine heftige Reaktion und dadurch die von den Teilnehmer(inne)n in Teil 4 beschriebenen Wahrnehmungen aus. Die Reaktion kann dabei u.U. auch so heftig sein, dass sie schon wieder als unangenehm empfunden wird – »So viel Glück halte ich nicht aus.«

Die Maslow'sche Bedürfnispyramide

Der US-amerikanische Psychologe Abraham Maslow entwickelte das Konzept, dass jeder Mensch verschiedene Arten von Bedürfnissen hat, die er in einer bestimmten Reihenfolge zu erfüllen versucht. Er unterschied dabei zunächst fünf Kategorien:

- physiologische Bedürfnisse (Grundbedürfnisse der körperlichen Existenz)
- Sicherheitsbedürfnisse (Schutz, Stabilität, Ordnung)
- soziale Bedürfnisse (Zugehörigkeit, Zuneigung, Liebe)
- Individualbedürfnisse (Erfolg, Unabhängigkeit, Freiheit, Ansehen)
- Selbstverwirklichung (Ausschöpfung des eigenen Potenzials)

Später fügte er noch eine sechste Kategorie hinzu:

- Transzendenz (Gotteserfahrung)

Auf der Basis dieses Modells wollen wir nun den Besuch einer Kuschelparty etwas genauer betrachten und den Grad der Bedürfniserfüllung untersuchen:

- Die physiologischen Bedürfnisse sind ganz offensichtlich erfüllt. Es ist warm, es gibt zu essen und zu trinken, und auch das sonst so häufig vernachlässigte Bedürfnis nach körperlicher Berührung wird im Überfluss gestillt.
- Durch den völlig sicheren Rahmen und die gefühlte Geborgenheit können zumindest momentan alle Sicherheitsbedürfnisse als erfüllt gelten.
- Auch die sozialen Bedürfnisse werden durch den liebevollen Umgang in der Gruppe und die bedingungslose Zugehörigkeit gestillt.
- Die o. g. Individualbedürfnisse werden zumindest teilweise erfüllt. Durch das Nichts-tun-Müssen kann ein Gefühl von Freiheit und Un-

abhängigkeit entstehen. Und wer intensive Zuwendung von anderen Menschen bekommt, dessen/deren Bedürfnis nach Erfolg und Ansehen ist ebenfalls, zumindest vorübergehend, gestillt.

- Selbstverwirklichung ist wohl vor allem bei den Personen des Leitungsteams der vorrangige Aspekt. Aber auch als Teilnehmer/-in kann ich durch Nutzung des experimentellen Umfelds neue Aspekte meines Selbst entdecken, ausprobieren und entwickeln – in einem völlig sicheren Rahmen und ohne direkte persönliche oder gesellschaftliche Konsequenzen.
- Durch das bewusste Eintauchen in die spezielle Atmosphäre der Veranstaltung sind ganz besonders intensive, auch meditative und spirituelle Erfahrungen möglich. Und völlig unabhängig davon kann hier jede/-r seinen/ihren ganz persönlichen »Himmel auf Erden« erfahren. In Abschnitt »Ein erster Schritt zum ›Himmel auf Erden‹?« kommen wir hierauf kurz zurück.

Wir erkennen, dass zumindest für die Dauer der Veranstaltung eine fast vollständige Bedürfniserfüllung auf allen Ebenen erfolgen kann. Im Vergleich mit den alltäglichen Erfahrungen und Erwartungen der meisten Menschen findet sogar eine massive Übererfüllung statt! Es ist daher kein Wunder, wenn eine individuelle Glückserfahrung ausgelöst wird und ein neuartiges Gruppenphänomen entsteht.

Qualitätssprung durch Resonanz

Ein bekanntes Phänomen ist der Umschlag von Quantität in Qualität, also die sprunghafte Veränderung einer Eigenschaft durch die einfache Zunahme einer Menge. Das klassische Beispiel ist das Überlaufen des Wassereimers, wenn langsam Wasser hineintropft. Erst passiert scheinbar gar nichts, während der Eimer immer voller wird. An einem gewissen Punkt ist der Eimer voll, und plötzlich läuft Wasser aus dem Eimer heraus.

Ein anderes bekanntes Phänomen ist das der Resonanz. Dieses beruht auf einer sich gegenseitig verstärkenden Rückkopplung (engl. Feedback) zwischen verschiedenen Teilen eines Systems. Wenn diese miteinander zu schwingen beginnen, können sie in Resonanz geraten und sich gegenseitig aufschaukeln, bis im Extremfall schließlich auch hier ein Qualitätssprung in Form der sogenannten Resonanzkatastrophe eintritt. Der Begriff rührt daher, dass dieses Phänomen zuerst bei einstürzenden Brücken und ähnlich unerfreulichen Ereignissen beobachtet wurde.

Bei der Entstehung der »Kuschelenergie« handelt es sich möglicherweise um einen ähnlichen Vorgang, der dann im übertragenen Sinn zur »Kuschelkatastrophe« führt, ohne dass dieser Vorgang allerdings von den Beteiligten als Katastrophe empfunden wird. Ganz im Gegenteil! Man sollte daher wohl eher von Kuschel-Resonanz oder genauer von Gruppen-Wohlfühl-Resonanz sprechen.

Dabei tritt das Phänomen der Resonanz gleich zweimal in Erscheinung. Einerseits verstärken sich bei jedem/-r einzelnen Teilnehmer/-in die verschiedenen Kuschelwirkungen gegenseitig, wodurch eine positive Rückkopplung entsteht. So unterstützt z. B. die Entspannung auf der geistigen Ebene die Ausschüttung von Glückshormonen auf der körperlichen Ebene, und umgekehrt.

Andererseits bewirkt die Gruppendynamik zwischen den anwesenden Personen ebenfalls einen Resonanzeffekt. Dieser kann physiologisch vermutlich auf die Wirkung von Pheromonen und Spiegelneuronen zurückgeführt werden.[29] Möglicherweise spielt auch der sogenannte Schwarm-Effekt eine Rolle.

Es ist seit Langem bekannt, dass die Teilnehmer/-innen bei Gruppen-Meditationen wesentlich tiefere und intensivere Erfahrungen machen, als wenn sie allein meditieren. Man spricht hier auch von einem Kohärenzeffekt. Durch die gemeinsame Ausrichtung des Bewusstseins entsteht eine

---

29 Pheromone sind körpereigene Botenstoffe, die über die Luft übertragen werden und bei anderen genetisch bedingte, unbewusste Reaktionen auslösen. Bei den Spiegel-Neuronen handelt es sich um spezielle Nerven im Gehirn, die – ebenfalls unbewusst – die Wahrnehmung der Gefühle anderer Menschen ermöglichen.

besondere Harmonie, eine Art »Gleichschwingen«. Ein ähnlicher Effekt kann auch auf Kuschelpartys beobachtet werden. Er tritt dort allerdings noch stärker in Erscheinung, vermutlich aufgrund der größeren sozialen Interaktion zwischen den Teilnehmer(inne)n.

Ein ähnlicher und noch stärkerer Resonanzeffekt tritt vermutlich auf, wenn sich zwei Menschen ineinander verlieben.

Entdeckung und Erforschung
der »Kuschelenergie«

Die Entdeckung der »Kuschelenergie«

Als Christoph Kolumbus Amerika entdeckte, wusste er das nicht. Er glaubte, er hätte den Seeweg nach Indien gefunden. Tatsächlich war er aber an einer vorgelagerten Insel in der Karibik gelandet.
Ähnlich ging es den Pionieren der Kuschelparty-Bewegung. Sie stießen mehr oder weniger zufällig auf dieses interessante Phänomen. Dabei erwies es sich zunächst als sehr flüchtig, und erst nach längerem Experimentieren wurde klar, dass es sich um einen realen Effekt und gleichzeitig etwas bisher Unbekanntes und völlig Neues handelte.

Bei den ersten Veranstaltungen gingen auch wir noch davon aus, dass Kuscheln eine Mann-Frau-Sache sei, und haben Anleitung und Organisation auch so ausgerichtet.[30] Dann stellten wir fest, dass es Frauen gab, die auch gern mit anderen Frauen kuschelten, und dass sich unsere Gäste manchmal spontan wie kleine Kätzchen zu Haufen zusammenlegten und eine Menge Spaß dabei hatten. Dabei wurde dann manchmal auch eine Veränderung der Atmosphäre im Raum spürbar: Es wurde friedlicher, entspannter, meditativer, weniger erotisch und dafür noch kuscheliger. Als wir dann Zeugen wurden, wie auch »gestandene Mannsbilder« sich plötzlich liebevoll zu einem größeren Haufen zusammenkuschelten, begann sich unsere eigene Sichtweise zu verändern und dementsprechend auch die Ausrichtung unserer Anleitung. Wir begannen, verstärkt auf diese atmosphärische Veränderung im Raum zu achten, die dadurch noch

---

30 Das US-amerikanische Vorbild war/ist sehr stark in diese Richtung orientiert. Die allererste Münchner Kuschelparty fand hingegen im homosexuellen Milieu statt, was mir aber erst Jahre später bekannt wurde.

intensiver wurde. Schließlich erreichten wir einen Punkt, wo »Kuschel-energie« unter Insidern zu einem stehenden Begriff und ihre spürbare Existenz zum Kennzeichen und zum Gradmesser für den Erfolg einer solchen Veranstaltung wurde.

Ebenso wie Kolumbus waren wir keineswegs die Ersten, die die »Kuschel-energie« erlebt haben. Sie ist natürlich auch schon vorher in den verschiedensten Kontexten aufgetreten. Sie ist aber meines Wissens nie als eigenständiges Phänomen erkannt, benannt und bewusst angewendet und reproduziert worden.

Und so, wie die Entdeckung Amerikas erst ca. dreihundert Jahre nach Kolumbus abgeschlossen war, so befindet sich auch die Entdeckung der »Kuschelenergie« erst in einer sehr frühen Phase. Wir wissen noch sehr wenig darüber, eigentlich nur so viel, dass wir festen Boden unter den Füßen haben. Und wir sind offen für die Möglichkeit, dass auch wir den eigentlichen »Kontinent« noch gar nicht wirklich betreten haben, geschweige denn, dass wir genau wüssten, wo er liegt und welchen Umfang er hat.

Der Stand der Wissenschaft

Es sind derzeit drei wissenschaftliche Arbeiten zum Thema Kuschelparty bekannt. Keine von ihnen widmet sich explizit dem Thema »Kuschelenergie«. Es handelt sich hier also noch um eine echte Terra incognita. Dies wird sich aber in Zukunft wohl sehr schnell ändern, wenn das Thema und sein enormes Potenzial immer bekannter werden.

Die bisher bekannten Arbeiten sind:

- Eine Diplomarbeit im Fachbereich Psychologie der Universität Erlangen: »Eine explorative Analyse von Kuschelpartyteilnehmern und ihren Motiven«. Diese Arbeit von Anna Rachor untersucht spezifische Persön-

lichkeitsmerkmale von Kuschelparty-Teilnehmer(inne)n anhand von standardisierten Persönlichkeitstests. Dabei zeigt sich, dass Kuschelparty-Teilnehmer im Wesentlichen ganz normale Menschen sind.
- Eine Hausarbeit im Fachbereich Soziologie der Ludwig-Maximilians-Universität in München: »Eine soziologische Betrachtung der Münchner Rauf- und Kuschelpartys«.
Diese Arbeit von Hannes Brücher et. al. beschreibt den Ablauf dieser Veranstaltung und die von den Autoren dabei beobachteten Phänomene vor dem Hintergrund verschiedener soziologischer Theorien. Sie kommt dem Thema »Kuschelenergie« am nächsten.
- Eine Seminararbeit im Bachelor-Studiengang Soziale Arbeit der Katholischen Hochschule für Sozialwesen Berlin: »Psychologische Überlegungen zum Thema ›Berührung‹ anhand des Beispiels der Kuschelpartys«. Die Autorin, Adelheid Mechsner, hatte seinerzeit zusammen mit Rosi Döbner die erste deutsche Kuschelparty veranstaltet.

Ein neuer wissenschaftlicher Ansatz

Man kann einen Menschen nichts lehren.
Man kann ihm nur helfen, es in sich selbst zu entdecken.

Galileo Galilei

Im antiken Griechenland haben zwei Ideen Ihren Ursprung, die unsere heutige Welt entscheidend geprägt haben: Demokratie und Wissenschaft. Beide Ideen gingen seinerzeit wieder verloren, wurden aber im Rahmen der Renaissance und schließlich der Aufklärung neu entdeckt. Heute sind sie die zentrale Basis unserer westlichen Kultur.
Bereits Aristoteles war bekannt, dass die Erde eine Kugel ist. Und schon im dritten Jahrhundert vor Christus berechnete Eratosthenes den Erdum-

fang mit erstaunlicher Genauigkeit.[31] Aber bis zum Ende des Mittelalters galt als gesicherte Erkenntnis, dass sich die Erdkugel im Mittelpunkt des Universums befindet. Dieses geozentrische Weltbild passte sehr gut zu der damals propagierten Idee einer von Gott gewollten Ordnung. Eine Idee, die sich bestens dazu eignete, den Machtanspruch von Kirche, Adel und Königen zu rechtfertigen, und daher von diesen verbissen verteidigt wurde.

Mit dem Übergang zum heliozentrischen Weltbild (mit der Sonne als Mittelpunkt) beginnt das Zeitalter der Aufklärung. Damit verbunden ist ein Paradigmenwechsel im Selbstverständnis des Menschen. Er steht nicht länger im Mittelpunkt des Universums, sondern treibt auf einem eher unbedeutenden Planeten durch die Leere des Weltalls. Die angeblich von Gott gewollte Ordnung ist damit infrage gestellt. Himmel und Hölle haben plötzlich keinen Ort mehr im Universum.

Bis dahin für sicher gehaltene Wahrheiten beginnen sich aufzulösen. Der absolutistische Machtanspruch von Königen und Kirche ist nicht länger aufrechtzuerhalten. »Freiheit, Gleichheit, Brüderlichkeit« werden zu Schlagworten einer neuen revolutionären Bewegung – und Ausdruck einer Hoffnung, die bis in unsere Zeit reicht.

Getrieben wurde dieser Paradigmenwechsel durch die Entstehung der modernen Wissenschaft. Nur Erkenntnisse, die auf empirischer Beobachtung und/oder logischer Schlussfolgerung beruhten, wurden als gültig anerkannt. Autoritäten, Dogmen und Überlieferung wurden infrage gestellt.

Die Aufklärung und mit ihr die »wissenschaftliche Revolution« führten in der Folge auch zu einer industriellen Revolution. Die Veränderungen

---

31 Wir können davon ausgehen, daß diese Erkenntnisse bei den gebildeten Menschen der damaligen Zeit bekannt waren. Das waren allerdings nicht allzu viele. In breiten Bevölkerungsschichten dürfte dagegen der Glaube verbreitet gewesen sein, daß die Erde eine Scheibe sei. Ähnlich wie heute gab es vermutlich einen Unterschied zwischen der Vorstellungswelt »bildungsferner Schichten« und der gebildeten Elite. Und der Unterschied war wohl noch wesentlich größer als heute. Buchdruck und allgemeine Schulpflicht gab es damals noch nicht. Lesen und Schreiben konnten nur wenige, und die Möglichkeiten der Kommunikation waren begrenzt.

in Wissenschaft, Technik, Wirtschaft und Gesellschaft verstärkten sich gegenseitig, und alle zusammen führten zu einer rasanten und seinerzeit völlig unvorstellbaren Entwicklung. Nur wenige Jahrhunderte liegen zwischen der Entdeckung, dass die Erde um die Sonne kreist (die Galilei seinerzeit auf Druck der katholischen Kirche widerrufen musste), und dem Apollo-Programm, das den ersten Menschen auf den Mond brachte. Dieser unglaublichen Entwicklung verdanken wir, dass wir heute, zumindest in weiten Teilen der Welt, ein Leben in Freiheit, Sicherheit[32] und Wohlstand führen können.

Dieser Siegeszug der modernen Wissenschaft hat eine interessante Schattenseite. Immer mehr Menschen wenden sich von eben dieser Wissenschaft ab – und esoterischen oder extrem-religiösen Strömungen zu. Egal ob christlicher oder islamischer Fundamentalismus, egal ob Astrologie, Schamanismus, Engelsglaube oder Reinkarnationslehre, überall wächst die Gefolgschaft.

Auch Menschen, die objektiv von den Segnungen des wissenschaftlichen Fortschritts enorm profitieren, ja, zur Bewältigung ihres Alltags vollständig von ihnen abhängig sind, stellen die Basis der selbigen infrage – meist ohne auf der sachlichen Ebene den Hauch einer Ahnung zu haben, wovon sie eigentlich sprechen. Sie wenden sich von der Basis ab, weil diese für sie *subjektiv* nicht mehr stimmig ist.

Ein Grund dafür könnte darin liegen, dass die moderne Wissenschaft auf elementare Fragen des Lebens keine Antwort zu geben vermag. Und das hat einen ganz einfachen Grund.

Die moderne »objektive Wissenschaft« – mit Ausnahme von Mathematik und Philosophie – beruht auf der methodischen Interpretation von Beobachtungen im Außen. Dies gilt interessanterweise auch für zwei Bereiche, in denen man dies eigentlich nicht erwarten würde: die Psychologie, die sich mit dem menschlichen »Innenleben« befasst, und die Theologie, die sich der menschlichen Gotteserfahrung widmet.

---

32 Auf die Themen Freiheit und Sicherheit und was sie für unsere persönliche Entwicklung bedeuten, gehen wir im Abschnitt »Freiheit und Sicherheit« noch weiter ein.

Neuere Erkenntnisse, z. B. in der Quantenphysik, zeigen jedoch, dass eine solche »objektive Realität« gar nicht existiert. Eine sinnvolle Beschreibung der realen Welt ohne Berücksichtigung eines »subjektiven Beobachters« erweist sich in immer mehr Bereichen als unmöglich.

Und nicht nur das: Auch die Frage nach der Quelle der Erkenntnis ist bisher nicht schlüssig beantwortet. Es ist nämlich nicht so, dass die »Naturgesetze« einfach da wären und von den Menschen »gefunden« würden. Sie werden als Hypothesen oder Modellvorstellungen von Menschen geschaffen und dann in Experimenten bestätigt (oder widerlegt). Sie sind also zuallererst ein Produkt subjektiver Kreativität und nur insofern objektiv, als sie sich zur Erklärung objektiver Beobachtungen als dienlich erwiesen haben.

Ein Konzept, das den subjektiven Beobachter in den Prozess der Beobachtung integriert, bietet die »Subjektive Wissenschaft vom Bewusstsein«[33] Sie wendet die im Außen bewährte wissenschaftliche Methodik auf Beobachtungen im Innen an. Subjektive innere Erfahrung (die Psyche) wird so der direkten wissenschaftlichen Untersuchung zugänglich. Esoterische und philosophische Erkenntnisse werden dadurch auf völlig neue Weise überprüfbar. Gotteserfahrung ebenfalls, und Theologie entwickelt sich zu einer experimentellen Wissenschaft.

Das zugrunde liegende Axiom der Subjektiven Wissenschaft vom Bewusstsein ist die Existenz eines inneren Beobachters. Eines Beobachters, der in der Lage ist, die Innenwelt des eigenen Bewusstseins wahrzunehmen, zu beschreiben und in der Kommunikation mit anderen auf Gesetzmäßigkeiten hin zu untersuchen. Dieses Axiom kann auch so formuliert werden: Das, was wir wahrnehmen, wenn wir (über die Sinne) nichts wahrnehmen, ist der Beobachtung und wissenschaftlichen Analyse zugänglich. Hierzu gehören z. B. Gedanken, Bilder, Gefühle, Körperwahrnehmung etc.

Auf diese Weise wird wissenschaftliche Erkenntnis auf der Basis objektivierter innerer Wahrnehmung möglich. Voraussetzung hierfür ist na-

---

33 entwickelt von Autor Gerhard Schrabal in den Jahren 1996 bis 2003 und veröffentlicht auf www.forum.reality-check.de

türlich, wie bei jeglicher Wissenschaft, »die Nichtidentifikation mit dem Gegenstand der Untersuchung«.[34] Dies setzt bei der Person des Wissenschaftlers/der Wissenschaftlerin einen Bewusstseinswandel voraus, den die Anwendung der Methode zugleich befördert. Dieser Bewusstseinswandel ist die Entwicklung vom Ich-Bewusstsein zum Einheits-Bewusstsein. Diese, von den alten östlichen Meistern als Erleuchtung bezeichnet, bewirkt, dass der Mensch sich nicht mehr als vom Rest des Universums getrenntes Individuum erfährt, sondern als eins mit dem Universum.

Es liegt nahe, dass mit einem solchen Ansatz viele der heute als negativ empfundenen Auswirkungen der modernen, »objektiven« Wissenschaft vermeidbar sind. Insbesondere kann er auch zu einer Demokratisierung der Wissenschaft führen. Jede/-r kann daran teilhaben, kann etwas über sich selbst herausfinden und dies mit anderen teilen. Und damit ist er nicht mehr auf eine Kirche, einen Guru oder auf esoterische bzw. religiöse Spekulationen angewiesen.

Der Mensch ist nicht länger nur Objekt der Wissenschaft. Er wird zum Subjekt. Und er wird damit aufgefordert und in die Lage versetzt, Verantwortung zu übernehmen. Verantwortung für sein Leben, für seine Handlungen und für deren Konsequenzen.

Ähnlich wie die Aufklärung sollte dieser Bewusstseinswandel zu einem Paradigmenwechsel mit erheblichen gesellschaftlichen, politischen, ökologischen und wirtschaftlichen Konsequenzen führen. Sie könnten ebenso weitreichend sein wie die der letzten wissenschaftlichen Revolution. In der Folge könnten diesmal nicht nur Freiheit und Gleichheit verwirklicht werden, sondern auch Brüderlichkeit – und die ganz zu Beginn des Buches erwähnte christliche Nächstenliebe.

Damit wären wir fast schon wieder beim Thema »Kuschelenergie«. Aber einen wichtigen Punkt haben wir noch vor uns.

---

34 Zitat von Prof. Dr. Günter Kehrer, Universität Tübingen

Der Siegeszug der modernen, objektiven Wissenschaft war auch ein Siegeszug der angewandten Mathematik. Sie war das Hilfsmittel, um die Welt zu beschreiben und sie auf der Basis dieser Beschreibung praktisch zu verändern. Naturgesetze wurden und werden in mathematischen Formeln dargestellt. Ihre quantitative Anwendung ist die Basis unserer modernen Technik, vom Auto bis zum Mobiltelefon. Eine genaue Berechnung der Planetenbahnen hob das Ptolemäische (geozentrische) Weltbild aus den Angeln und führte so zu dem oben erwähnten Paradigmenwechsel. Die Infinitesimalrechnung löste nicht nur das alte griechische Paradoxon von Achill und der Schildkröte[35], sie wurde zur Basis der sich entwickelnden Ingenieurwissenschaften und trug so entscheidend zur »technischen Revolution« bei.

Auch für die Subjektive Wissenschaft vom Bewusstsein steht ein mathematisches Hilfsmittel zur Verfügung: das Brown'sche Indikationskalkül.[36] Im Zusammenspiel von innerer Beobachtung und mathematischer Beschreibung entsteht so die Basis für eine neue wissenschaftliche Revolution. Eine Plattform zur Lösung vieler bekannter Probleme und Paradoxa – genau wie es seinerzeit bei der objektiven Wissenschaft der Fall war.

Auch für die weitere Erforschung der »Kuschelenergie« und ganz allgemein des Glücklichseins erscheint die Subjektive Wissenschaft vom Bewusstsein geeignet – nicht als Ersatz, sondern als Ergänzung zu den

---

35 Vor ungefähr 2500 Jahren stellte der griechische Philosoph Zenon von Elea das folgende Paradoxon auf: Der bekannte Held Achilles macht ein Wettrennen mit einer Schildkröte. Da er ein großer Held und die Schildkröte natürlich langsamer ist, gewährt er ihr einen Vorsprung. Wenn Achilles den Startpunkt der Schildkröte erreicht, ist sie ebenfalls ein Stück vorangekommen. Nun erreicht Achilles diesen Punkt, und die Schildkröte ist wieder ein Stück weiter. So setzt sich das Rennen fort, und Achilles kann die Schildkröte niemals erreichen, da diese, wenn Achilles den jeweils letzten Punkt des Tieres erreicht, schon wieder ein Stück weiter ist.

36 Das 1969 erstmals erschienene Buch »Laws of Form« von George Spencer Brown beschäftigt sich mit der grundlegenden Frage, wie wir durch Unterscheidung unsere subjektive Realität erschaffen und welche mathematischen Gesetzmäßigkeiten diesem Prozess zugrunde liegen.

klassischen Disziplinen der traditionellen Wissenschaft. Es erscheint naheliegend, dass ein solches Phänomen am besten von einer Wissenschaft untersucht werden kann, die den subjektiven Beobachter in ihre Betrachtungen mit einbezieht.

Davon ganz abgesehen ist es an der Zeit, dass wir den begonnenen Prozess der Aufklärung[37] mit einer zweiten wissenschaftlichen Revolution vollenden. Mit der Subjektiven Wissenschaft vom Bewusstsein sollte dies möglich sein. Sie zeigt, dass der oben erwähnte Bewusstseinszustand (Einheitsbewusstsein) existieren kann, und führt auf den Weg zu seiner Erlangung.

---

37 Interessanterweise steht das englische Wort »Enlightenment« sowohl für »Aufklärung« als auch für »Erleuchtung«.

Kuschelpartys als Instrument
persönlicher und gesellschaftlicher Entwicklung

Randbedingungen: Freiheit und Sicherheit

Den meisten Lesern wird wohl das Spannungsfeld zwischen Sicherheit und Freiheit bewusst sein. Es ist sowohl ein individuelles als auch ein gesellschaftliches und politisches Phänomen. Grob gesprochen scheint es so zu sein, dass ein Gewinn an Freiheit immer mit einem Verlust an Sicherheit verbunden ist, und umgekehrt. Im gesellschaftlichen Umfeld ist das Thema Terrorbekämpfung ein schönes Beispiel: Der Verzicht auf gängige Waschbeutel-Utensilien wie Nagelschere und Mundwasser im Handgepäck mag die Flugsicherheit erhöhen, aber er verringert meine persönliche Freiheit. Indem ich mich an die Vorschriften der Straßenverkehrsordnung halte, gebe ich ebenfalls einen Teil meiner persönlichen Freiheit auf und erhöhe dadurch meine eigene – und unser aller – Sicherheit. Im privaten Bereich finde ich möglicherweise emotionale und vielleicht auch materielle Sicherheit in einer Beziehung oder als Teil einer Familie, aber ich muss dafür in der Regel auf persönliche Freiheiten verzichten. Als Single kann ich diese Freiheiten voll ausleben, muss aber auf die Sicherheit, Stabilität und Geborgenheit einer festen Beziehung verzichten.

Auf den ersten Blick scheint sich dieser »Trade-off« so darzustellen:

Freiheit ◄————**x**————————► Sicherheit

Meinen momentanen persönlichen Standort (oder auch eine gesellschaftliche Situation) kann ich dabei z B. mit einem x markieren.

Das Denken in solchen scheinbaren Gegensatzpaaren wie Freiheit vs. Sicherheit ist in unserer Gesellschaft weit verbreitet. Wir wollen dies zunächst an dem klassischen Beispiel von Schwarz und Weiß veranschaulichen und genauer untersuchen.

Das oft zitierte Schwarz-Weiß-Denken bezeichnet eine Sichtweise, bei der es nur Schwarz und Weiß gibt und sonst nichts. In einer solchen Welt gibt es nur zwei Optionen, eben schwarz oder weiß. Mehr existiert nicht und kann auch nicht existieren. Es kann noch nicht einmal gedacht werden. Anders sieht die Sache aus, wenn Abstufungen zwischen Schwarz und Weiß möglich sind, also eine Skala von Grautönen.

Analog zu dem obigen Bild kann der Zusammenhang dann so dargestellt werden:

schwarz ◄────────── x ──────────► weiß

Hier steht die Markierung x für einen definierten Grauton zwischen dem Gegensatzpaar Schwarz und Weiß. In dieser Welt existieren nicht mehr nur die zwei Möglichkeiten, sondern ein ganzer (eindimensionaler) Raum dazwischen. Man sagt, es existiert ein Freiheitsgrad, der Gegensatz bleibt aber bestehen.

Wir lernen früh, in Gegensatzpaaren zu denken, sodass es uns irgendwann als völlig »natürlich« erscheint. In manchen Fällen ist dieses Denken auch sinnvoll, da es uns den Alltag vereinfacht. Leider schränkt es uns aber auch stark ein und verengt unsere Sicht auf die Welt. Und vom grundsätzlichen Ansatz her ist es nicht nur fragwürdig, sondern ganz einfach falsch.

Der geniale britische Mathematiker George Spencer Brown hat in seinem bereits erwähnten Hauptwerk »Laws of Form« die Grundlagen einer Logik skizziert, die das Schwarz-Weiß-Denken durch ein Weiß-Nichtweiß-Denken ersetzt und damit die Chance eröffnet, eine Menge unserer traditionellen Denkfehler zu erkennen und zu vermeiden. Aus Sicht dieser Logik ist der Gegensatz von Weiß nicht Schwarz, sondern Nicht-Weiß. Und der Gegensatz zu Schwarz ist Nicht-Schwarz. Die Vermischung dieser beiden verschiedenen Eigenschaften ist somit ausgeschlossen.

Um uns der Bedeutung und der tieferen Wahrheit dieses revolutionären Ansatzes anzunähern, greifen wir zunächst auf die physikalischen Definitionen von Schwarz und Weiß zurück (sinngemäß zitiert aus Wikipedia[38]):

Schwarz ist keine eigene Farbe, sondern entsteht durch Absorption aller Spektren des Lichts und ist somit die »Abwesenheit aller Farben«. Weiß ist keine eigene Farbe, sondern entsteht durch die Überlagerung aller Spektren des Lichts und ist somit die »Summe aller Farben«.

Wir erkennen Folgendes:

• Weiß und Schwarz sind beide keine Farben. Sie haben damit etwas Entscheidendes gemeinsam, obwohl wir doch gelernt haben, sie als sich gegenseitig ausschließend zu sehen.
• Nicht-Schwarz ist keineswegs Weiß, sondern nur die Anwesenheit irgendeiner (oder mehrerer) Farben.
• Nicht-Weiß ist keineswegs Schwarz, sondern nur die Abwesenheit irgendeiner (oder mehrerer) Farben.

Wenn wir uns an diese Erkenntnisse erst einmal gewöhnt haben und die Sache dann in Ruhe zu Ende denken, kann aus einer eindimensionalen Skala von Grautönen plötzlich ein dreidimensionaler Farbraum entstehen. Die Möglichkeiten unserer Vorstellung erweitern sich damit von ei-

---

38 Seite »Weiß«. In: Wikipedia, Die freie Enzyklopädie. Bearbeitungsstand: 26. August 2013, 14:21 UTC. [http://de.wikipedia.org/w/index. php?title=Wei%C3%9F] (Abgerufen: 1. Oktober 2013, 14:25 UTC) Seite »Schwarz«. In: Wikipedia, Die freie Enzyklopädie. Bearbeitungsstand: 13. September 2013, 14:08 UTC. [http://de.wikipedia.org/w/index. php?title=Schwarz] (Abgerufen: 1. Oktober 2013, 14:27 UTC)

ner (grauen) Dimension auf drei (farbige). Wir gewinnen zwei zusätzliche Freiheitsgrade, und damit steht uns sprichwörtlich eine ganze (Farb-)Palette an Möglichkeiten offen.

Dass dieser neue Ansatz einem freiheitlichen Denken förderlicher und für das Handeln in komplexen Situationen besser geeignet ist, sollte offensichtlich sein. Ebenso, dass es in der Regel zu kreativeren (bunteren) Ergebnissen führen wird. Aber diesen Zusammenhang wollen wir hier nicht untersuchen, ebenso wenig die Frage, was das für unser Thema der persönlichen und gesellschaftlichen Entwicklung bedeuten kann.

Wir wollen uns stattdessen noch kurz einem weiteren vermeintlichen Gegensatzpaar zuwenden, das im Kontext der »Kuschelenergie« ganz besonders wichtig erscheint: Mann und Frau. Für viele Menschen erscheint dies immer noch als ein rein binärer Gegensatz: Ein Mann ist ein Mann, und eine Frau ist eine Frau, und sonst gibt es nichts. Wenn diese beiden intim zusammenkommen, ist folgerichtig auch nur (normaler) Sex denkbar und nichts anderes. Die reale Existenz von Homosexuellen, Bisexuellen, Transsexuellen, Intersexuellen, Asexuellen etc. ist für diese Menschen ebenso verwirrend wie sogenannte »perverse Praktiken«. Oder die Tatsache, dass »ganz normale Frauen« Spaß am Raufen haben können, und »ganz normale Männer« es genießen können, miteinander zu kuscheln. Oder dass Männer und Frauen zusammenkommen, um »einfach nur zu kuscheln« – ohne Sex, ohne Vorbedingung und ohne Verpflichtungen.

Immerhin haben sich inzwischen einige Menschen an den Gedanken gewöhnt, dass es noch etwas zwischen männlich und weiblich geben könnte. Ihre Sicht kann evtl. so skizziert werden wie hier dargestellt, wobei wieder eine spezielle Konstellation mit dem Standort x irgendwo auf der entstehenden Skala bezeichnet werden kann:

männlich ◄─────────── x ───► weiblich

Vielleicht setzt sich irgendwann einmal die Erkenntnis durch, dass Männer und Frauen als menschliche Wesen viel mehr gemeinsam haben als sie unterscheidet. Und vielleicht wird es uns dann möglich sein, die ganze »Buntheit« dieser Welt mit all ihren Freiheitsgraden bewusst zu genießen.

Mit diesem kurzen Ausblick wollen wir es gut sein lassen, um den Rahmen dieses Buchs nicht überzustrapazieren. Wer will, ist herzlich eingeladen, sich hierzu eigene Gedanken zu machen.
Wir halten fest: Männlich ist genauso wenig der Gegensatz zu weiblich, wie weiß der Gegensatz zu schwarz ist oder Freiheit der Gegensatz zu Sicherheit. Was uns endlich wieder zu unserem eigentlichen Thema zurückbringt: Freiheit und Sicherheit. Um dies näher zu untersuchen, gehen wir nunmehr nach einer anderen Methode vor.

Wir kümmern uns nicht um exakte Definitionen, sondern gehen einfach von unserer Erkenntnis aus, dass die beiden Größen unabhängig voneinander sind.[39] Ich kann sie dann als senkrecht zueinander stehende Achsen darstellen, wodurch sich der folgende Zusammenhang ergibt:

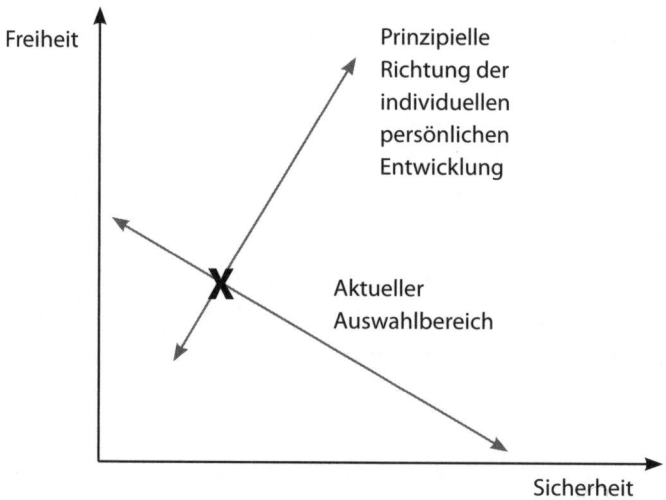

39 Wir gehen bei dieser Darstellung, der Einfachheit halber, von einer vollständigen Unabhängigkeit der beiden Variablen aus. Die folgenden Aussagen sind aber auch bei teilweiser Abhängigkeit gültig.

Der normale Erfahrungsbereich in unserer Gesellschaft bzw. Ihr ganz individueller »aktueller Auswahlbereich« (das, was weiter oben als Gegensatzpaar dargestellt wurde) findet sich in dem Diagramm als schräg stehender Geradenabschnitt wieder. An das linke Ende (den Schnittpunkt mit der senkrechten Achse) könnten wir z. B. den Begriff »Single« schreiben und an das untere Ende (den Schnittpunkt mit der waagrechten Achse) die Begriffe »Familie, Beziehung«.[40]

Das Bild hat sich also nicht wirklich geändert, aber es hat sich entscheidend erweitert. Plötzlich haben wir eine weitere Dimension hinzugewonnen. Die damit verbundene Ausweitung unserer Möglichkeiten eröffnet für jeden von uns eine Perspektive für persönliche Veränderung und Entwicklung.
Mit diesem zusätzlichen Freiheitsgrad haben wir nicht mehr nur die Wahl zwischen den Punkten auf einer Geraden, wir haben jetzt eine ganze Fläche, um unsere Position zu definieren. Und das gilt nicht nur für unsere jetzige Position. Das Undenkbare wird denkbar und damit wünschbar. Wir können uns z. B. maximale Freiheit und gleichzeitig maximale Sicherheit wünschen. Wirklich vorstellen können wir uns einen solchen Zustand jetzt vielleicht noch nicht, aber wir können uns entscheiden, unser Leben in diese Richtung zu lenken und uns ganz bewusst dorthin zu entwickeln. Wenn wir jetzt einen Schritt zurücktreten, erkennen wir, dass das alles gar nichts wirklich Neues ist. Schon immer haben Menschen versucht, mehr Freiheit und gleichzeitig mehr Sicherheit zu erlangen, also ihre persönliche Gerade nach rechts oben zu verschieben. Die klassischen Wege hierfür waren Bildung, Macht und Wohlstand. Neu ist lediglich die hier vorgestellte systematische Sichtweise, die einen Aspekt menschlicher Evolution anschaulicher und leichter verstehbar macht.

---

40 Wie gesagt, lassen wir dabei die Frage der exakten Definition bewusst offen, ebenso, ob es sich dabei um subjektive oder um objektive Größen handelt, und welchen Maßstab wir jeweils zugrunde legen. Alle Bezeichnungen sind hier nur als Schlagworte gemeint und nicht als wohldefinierte Begriffe und Beschreibungen für real existierende Phänomene.

Diese Betrachtung gilt ebenso für die Entwicklung der gesamten Gesellschaft. Wer weiß, was mit der Idee des Kommunismus geschehen wäre, wenn die sowjetischen Machthaber statt Arbeitslager im weit entfernten, unwirtlichen Sibirien ein »Kuschellager« mitten im Herzen von Moskau errichtet hätten? Ich scherze, aber dass die oben skizzierte Perspektive ganz entscheidende Veränderungsmöglichkeiten auch in der Gesellschaft eröffnet, sollte klar sein. Im Abschnitt »Gesellschaftliche Aspekte« werden wir noch weiter darauf eingehen.

Oben habe ich geschrieben, dass wir uns den Zustand in der rechten oberen Ecke der Grafik vermutlich nicht vorstellen können. Aber vielleicht können wir eine Vorstellung von der linken unteren Ecke gewinnen. Dort sind sowohl die Freiheit als auch die Sicherheit auf dem alleruntersten Niveau. Ohne jegliche Kenntnis der Realität würde ich vermuten, dass wir dort die Situation in den schlimmsten in der Geschichte bekannten Straflagern einordnen können, sozusagen die Hölle auf Erden.

Interessanterweise existiert in einem solchen Zustand das ansonsten als solches empfundene Gegensatzpaar von Freiheit und Sicherheit nicht mehr. Der zugehörige Geradenabschnitt ist auf einen Punkt geschrumpft: Ich habe keine Wahl mehr. Es geht ausschließlich um das Überleben. Es gibt nichts zu entscheiden und nichts zu wollen, außer vielleicht dem einen: Bloß weg von hier!

Unsere persönliche Realität hier und heute sieht da schon viel besser aus. Wir befinden uns typischerweise in einer Situation mit sehr viel Freiheit und sehr viel Sicherheit. Das zeigt sich auch daran, dass wir einen großen Auswahlbereich haben. Unser Geradenabschnitt zwischen Freiheit und Sicherheit erscheint uns vermutlich – hoffentlich – ziemlich lang.

Wenn wir uns nun in Gedanken der rechten oberen Ecke im Diagramm nähern, fällt auf, dass sich dieser Geradenabschnitt wieder verkürzt und ganz in der Ecke erneut auf Null zusammenschrumpft.[41] Das ist auch nicht

---

41 Man mag an dieser Stelle einwenden, dass dies nur dann gilt, wenn Freiheit und Sicherheit als endliche Größen angenommen werden. In einer endlichen Welt erscheint dies als akzeptable Voraussetzung.

weiter erstaunlich. Da wir beides vollständig erreicht haben, brauchen wir uns nicht mehr zu entscheiden und keinen Kompromiss mehr einzugehen. Wir haben den »Himmel auf Erden« erreicht.

Ein erster Schritt zum »Himmel auf Erden«?

So weit, so schön. Und was hat all das jetzt mit Kuschelpartys zu tun?

Durch den Besuch einer Kuschelparty und die Erfahrung der »Kuschelenergie« öffnen wir uns für diesen gerade skizzierten Weg. Wir öffnen uns für eine Erfahrung, die unseren bisherigen Erfahrungsraum von Freiheit und Sicherheit transzendiert. Wenn wir uns den Zustand in der rechten oberen Ecke auch (noch) nicht wirklich vorstellen können, so können wir doch einen ersten Geschmack davon bekommen, wohin die Reise gehen könnte.
Bei einer Kuschelparty kommen für die meisten Teilnehmer/-innen genau diese beiden Erfahrungen zusammen:

- die Erfahrung von emotionaler Sicherheit, von Angenommensein, von Nähe und Zugehörigkeit, die eine völlige Entspannung ermöglicht
- die Erfahrung von emotionaler Freiheit, von Anonymität und Verpflichtungslosigkeit

Zwar gibt es auch auf einer Kuschelparty Regeln, die dem allgemeinen Wohlergehen dienen, aber ansonsten gehe ich als Teilnehmer/-in keinerlei Verpflichtungen ein. Ich bekomme Zuwendung und Zärtlichkeit zu einer Art emotionalem Nulltarif.
So wie in der Bibel Milch und Honig fließen, so fließen auf einer Kuschelparty Liebe und Zuneigung. Und so kann man nach einem gelungenen Kuschelabend sehr leicht den Eindruck bekommen, man habe den »Himmel auf Erden« erblickt.

Individuelle Aspekte

Bereits in Teil 1 sind wir auf die positiven Wirkungen des Kuschelns auf Körper, Geist und Seele ausführlich eingegangen. Und wir haben auch schon darauf hingewiesen, dass die Entstehung der »Kuschelenergie« möglicherweise ein Phänomen darstellt, das durch den Umschlag von Quantität in Qualität entsteht. Dieses spontane Umschlagen finden wir häufig auch in den Auswirkungen der »Kuschelenergie« wieder. Es kann sein, dass erst einmal gar nichts zu geschehen scheint, und dann erfolgt plötzlich ein nachhaltiger Entwicklungsschub. Dies kann u. U. schon auf der ersten besuchten Kuschelparty geschehen, manchmal sind aber auch mehrere Besuche notwendig, damit sich eine deutlich spürbare Wirkung aufbauen kann.

Im folgenden Teil 4 lassen wir hierzu Teilnehmer/-innen zu Wort kommen und von ihren persönlichen Erfahrungen berichten.

Gesellschaftliche Aspekte

Es ist möglich, dass die Entdeckung und mögliche Nutzung des Phänomens »Kuschelenergie« erhebliche Auswirkungen haben wird auf die Welt, in der wir leben. Ich kann und will dies hier aber nur kurz anreißen. Die folgenden Fragen sollen Sie einladen, hierzu Ihre ganz persönliche Vision zu entwickeln.

Sehr viele Aktivitäten in unserer Gesellschaft basieren auf dem tief empfundenen, aber oft unbewussten Wusch eines Individuums, angenommen zu werden. Was wäre, wenn alle Menschen sich wie bei einer Kuschelparty angenommen fühlen könnten, ohne etwas zu tun? Wenn ihre Aktivitäten aus diesem Gefühl heraus entspringen könnten, anstatt dieses zum Ziel zu haben. Wie würde unsere Gesellschaft dann aussehen?

Wie würden Verhandlungen verlaufen, wenn man zunächst eine entspannte und kuschelige Wohlfühlatmosphäre schaffen könnte?

Wie würde es den Ausgang dieser Verhandlungen beeinflussen, wenn diese in einer so geschaffenen Atmosphäre des Vertrauens und der Intimität stattfinden könnten?

Ich denke hier nicht nur an die großen politischen Themen, wo dies wohl noch in weiter Ferne liegt. Sondern vor allem an die kleinen alltäglichen Dinge, von der Kindererziehung bis hin zu Scheidungsdramen und juristischen Auseinandersetzungen (Stichwort Mediation).

Wie würde es sich auf das Arbeitsklima, die Produktivität und den Aktienkurs einer Firma auswirken, wenn die dort arbeitenden Menschen unter dem Einfluss von »Kuschelenergie« zusammenarbeiten würden, anstatt, wie leider häufig der Fall, gegeneinander oder bestenfalls nebeneinander? Kann »Kuschelenergie« ein Wettbewerbsvorteil sein? Ist eine echte Nachhaltigkeit ohne »Kuschelenergie« überhaupt möglich?

Wie viele Arztbesuche und Klinikaufenthalte, wie viel Medikamenten-, Drogen- und Alkoholkonsum könnten wir einsparen, wenn breite Bevölkerungskreise regelmäßig die Chance bekämen, in Kontakt mit »Kuschelenergie« zu kommen?

Wie viel Kriminalität und wie viele soziale Probleme könnten wir vermeiden, wenn wir zur Integration gefährdeter Randgruppen Extra-Kuschelprogramme anbieten würden?

Man sollte nicht verkennen, dass auch in unserer Gesellschaft viele Menschen in einer subjektiv empfundenen Hölle leben. Wäre es nicht eine gute Idee, ihnen den Himmel einen Schritt näherzubringen?

In einer Zeit, in der viel vom bedingungslosen Grundeinkommen gesprochen wird, sollte man da nicht auch einmal über eine »bedingungslose emotionale Grundversorgung« sprechen? Ist Kuscheln nicht ein Menschenrecht? Rechtfertigen die positiven Auswirkungen nicht ein »Kuscheln auf Krankenschein«?

Utopie? Vielleicht. Zumindest ganz weit weg. Aber wer hätte vor 50 Jahren gedacht, dass heute Meditation und Yoga von der Krankenkasse bezahlt werden und sich über tausend einander völlig unbekannte Menschen auf einer privaten Facebook-Party treffen wollen?

Nächstenliebe: Kuscheln als spiritueller Weg

Und wenn ich die Prophetengabe hätte und alle Geheimnisse durchschaute und alle Erkenntnis besäße, und wenn ich allen Glauben hätte, sodass ich Berge versetzte, hätte aber die Liebe nicht, so wäre ich nichts.

1. Korinther 13,2

Wenn Du davon ausgehst, dass nichts existiert, was nicht Teil von dir selbst ist, dass niemand existiert, der nicht Teil von dir selbst ist, dass jedes Urteil, das du abgibst, ein Selbsturteil ist, dass jegliche Kritik, die du äußerst, Selbstkritik ist, dann wirst du, klugerweise, dir selbst eine bedingungslose Liebe schenken, die das Licht deiner Welt sein wird.

Anonymus

»Liebe deinen Nächsten wie dich selbst!«, so lautet das christliche Gebot der Nächstenliebe.[42] Auch andere Religionen und spirituelle Meister sehen die Liebe zu unseren Mitmenschen als Ausdruck einer höheren Weisheit, als logische Folge einer tieferen Verbundenheit oder schlicht als Weg zur persönlichen Vervollkommnung: Die Liebe und Zuwendung zu anderen Menschen (und überhaupt allen lebenden Kreaturen) kann Ihnen helfen, Ihrem persönlichen Gott näherzukommen, sich zu einem besseren Menschen zu entwickeln und am Ende auch glücklicher zu sein.

---

42 Die Nächstenliebe gilt zusammen mit der Gottesliebe als das zentrale Gebot des Christentums.

Bei vielen sich im weitesten Sinne als spirituell bezeichnenden Menschen scheint diese Idee zumindest im Kopf angekommen zu sein. Überraschend ist dann aber häufig die Reaktion, wenn sie körperliche Nähe als direkten Ausdruck dieser zwischenmenschlichen Liebe zulassen sollen: So viel bzw. diese ganz konkrete Art von Nächstenliebe soll es dann doch nicht sein.

Lieber bleibt man im Elfenbeinturm sitzen. Man könnte ja Schaden nehmen an der hoch entwickelten eigenen Seele, wenn man sich einfach so auf den Austausch von Liebe und Zuwendung einließe. Vielleicht sind ja Personen unter »diesen Kuschlern«, die nicht dem eigenen spirituellen Niveau entsprechen und möglicherweise den eigenen Fortschritt gefährden könnten.

Fühlen Sie sich jetzt angesprochen? Macht sich bei Ihnen vielleicht ein ganz schlechtes Gefühl bemerkbar? Glauben Sie, dass Ihr persönlicher Guru oder Ihre religiöse Überzeugung Körperkontakt, mit dem anderen oder vielleicht sogar mit dem gleichen Geschlecht, als negativ oder verboten brandmarkt? Sehr gut! Dann haben Sie jetzt die Chance, all das einmal ganz bewusst auf den Prüfstein zu stellen und sich mit Ihren bisherigen Gewissheiten auseinanderzusetzen. Die Konfrontation mit dem Thema Kuscheln kann eine Menge sorgsam versteckter Blockaden und »blinder Flecken« aufdecken, deren Auflösung dann einen tatsächlichen (und nicht nur theoretischen) Fortschritt bewirkt.

Wenn Sie die obigen Fragen hingegen mit Nein beantwortet haben, dann haben Sie mit diesem Thema keine Probleme. Aber vielleicht kennen Sie jemanden, auf den die obige Beschreibung zumindest ein ganz klein wenig zutrifft. Wenn Sie dieser Person helfen und ihre Entwicklung unterstützen wollen, geben Sie ihr die Möglichkeit, sich diesem Thema zu stellen. Irgendwann wird sie Ihnen sehr dankbar dafür sein, auch wenn es möglicherweise eine Weile dauern wird.

Echtes spirituelles Wachstum wird möglich, wenn die hinter solchen Überzeugungen liegenden, tiefen emotionalen Verletzungen bewusst wahrgenommen und nicht weiter mit scheinbarer Spiritualität oder Religiosität verdrängt werden. Dabei kann die Erfahrung, unbedingte Liebe von anderen, völlig unbekannten Menschen zu erhalten, ohne etwas dafür tun zu müssen, sehr heilsam wirken.

Ich wünsche jedem Menschen das tiefe innere Glücksgefühl, das einen durchströmt, wenn man zum ersten Mal einen anderen Menschen so annehmen kann, wie er ist.

Auf diese Weise kann vielleicht eine neue spirituelle Erkenntnis entstehen:

Das, was scheinbar zwischen uns steht,
ist von seinem Ursprung her Liebe.
Und das, was uns zu trennen scheint, verbindet uns.

Um auf die christliche Nächstenliebe zurückzukommen: Eine zeitgemäße und dem Thema angepasste Abwandlung des Jesuswortes könnte vielleicht so lauten:

Wenn sich jemand an deine rechte Seite kuschelt,
so biete einem anderen deine linke Seite an.

Oder, um das Zitat
am Beginn dieses Teils aufzugreifen:

Seid umschlungen, Millionen!

Geteiltes Leid ist halbes Leid,
geteilte Freude ist doppelte Freude.

altes deutsches Sprichwort

Teil 4:

WAS TEILNEHMER/-INNEN SAGEN

Wenn man in die Gesichter am Schluss von so einer Session schaut, sind die alle einfach glücklich.

damaliger Veranstalter der Kuschelparty München
im TopFM-Radio-Interview am 19.03.09

Viele Teilnehmer berichten von einer radikalen Veränderung in ihrem Leben und der Art, wie sie mit anderen Menschen umgehen.

Annemarie Reinhardt, Kuscheloase Zürich,
im Tagblatt der Stadt Zürich (Magazin) vom 15. September 2005

Von Autorenseite ist nun genug gesagt. Jetzt sollen diejenigen das Wort erhalten, die die Veranstaltungen zu dem machen, was sie sind: hier zunächst einige der Teilnehmer/-innen[43] und im nachfolgenden Teil dann einige Veranstaltungsleiter/-innen.

Die folgenden Aussagen sind nach ihrer Entstehung gegliedert. Wir beginnen mit vielen eher kurzen Äußerungen im direkten Umfeld der Veranstaltungen und leiten dann über zu einzelnen längeren und reflektierten Beiträgen, die mit größerem zeitlichen Abstand verfasst worden sind.

---

43 Die Teilnehmerstimmen aus Berlin und Frankfurt wurden zur Verfügung gestellt von der Veranstalterin, Frau Dipl.-Biol. Rosi Döbner (www.die-kuschelparty.de). Hierfür an dieser Stelle nochmals herzlichen Dank.

In der Eröffnungsrunde

Im Januar 2005 fand in Berlin die erste Kuschelparty im deutschsprachigen Raum statt. Anlässlich des siebten Jahrestages fanden zwei besondere Jubiläumsveranstaltungen statt, eine in Berlin und eine in Frankfurt. Die Veranstalterin nutzte die Gelegenheit und bat die Teilnehmer/-innen, jeweils in der Eröffnungsrunde zu Beginn der Kuschelparty über ihre bisherigen Erfahrungen zu berichten. Im Einverständnis mit den Teilnehmer/-innen wurde der Ton aufgezeichnet und später vom Autor transkribiert. Hier folgt nun eine typische Auswahl der gemachten Aussagen. Zitate von Menschen, die zum ersten Mal dabei waren, wurden naturgemäß nicht berücksichtigt.

Kuschelparty Berlin

Ich bin Claudia. Ich gehe schon seit 4 Jahren regelmäßig zu Kuschelpartys, bin also schon ein bisschen kuschelsüchtig. Mir gibt das einfach sehr viel Geborgenheit. Da ich in meiner Kindheit ein Geborgenheitsdefizit hatte, kann ich das sehr schön ausgleichen. Das ist für mich der wichtigste Punkt. Und schön ist auch das Gemeinschafts- und Einheitsgefühl, das entsteht. Dass alle eine Gruppe werden, wo alles miteinander verschmilzt.

Ich bin Ingeborg. Ich bin schon seit ein paar Jahren mit dabei. Ich genieße die Gemeinschaft, die Nähe, die Wärme. Das trägt mich hinterher durch meinen Alltag, und es ist auch immer wieder spannend, neue Erfahrungen zu machen.

Ich bin Elizabeth. Ich war das letzte Mal das erste Mal hier. Vor ein paar Jahren war ich schon mal irgendwo anders, was dann ziemlich danebengegangen ist. Da habe ich erst mal lange gebraucht, bis ich mich hier, auch aufgrund der guten Erfahrungen einer Freundin, hergetraut habe. Ich fand's toll und bin auch sehr berührungshungrig.

Hallo, ich bin Tim. Ich bin das sechste Mal jetzt dabei. Also September des letzten Jahres das erste Mal – fast immer da gewesen, so gut war es. Das Geniale am Kuscheln ist, finde ich, dass es einfach etwas Absichtsloses ist. Man kuschelt, um zu kuscheln, und nicht, um irgendetwas anderes zu erreichen. Ich finde, darin unterscheidet es sich von so vielen Dingen im Alltag. Ich bin so ein Typ, der rennt immer hin und her, um irgendetwas anderes zu erreichen, und hier komme ich zurück ins Jetzt.

Ich bin Manuela. Ich komme öfters zum Kuscheln und merke, dass das ein ganz wichtiger Teil von meinem Leben geworden ist. Ich habe es die letzten Male nicht geschafft und merke richtig, wie es mir fehlt. Es ist für mich einfach eine sehr gute Möglichkeit, ohne Erwartungen im Hier und Jetzt zu schauen, was kommt, und damit auch zu sehen: Wie geht es mir, wo stehe ich gerade? Und ich genieße sehr dieses Thema Nähe und Berührung ohne Erwartungen, ohne etwas geben zu müssen, einfach nur sein.

Hallo, ich bin Angeline, und ich war noch nie bei einer Kuschelparty. Ich merke, dass mir das Angst macht, so viele Leute zu sehen. Denn das Kuscheln mit einer Freundin oder einem Freund ist schon etwas anderes. Aber ich freue mich und bin gespannt.

Ich bin Verena und auch das erste Mal hier. Ich habe einmal an einer privaten Kuschelparty teilgenommen. Das war erst mal sehr ungewohnt für mich, so einfach mit Leuten, die ich gar nicht kannte, zu kuscheln. Aber ich fand es dann auch irgendwie toll, dass es funktionierte. Jetzt bin ich erst mal erschrocken über die Menge an Leuten hier, aber ich denke, das wird dann wohl auch funktionieren.

Mein Name ist Petra. Ich habe zwei Jahre mit Kuschelgruppenaktivitäten ausgesetzt. Ich kenne auch nicht diese großen Gruppen wie hier bei Rosi. Das überwältigt und beängstigt mich auch ein bisschen. Ausgesetzt habe ich, weil ich mich vor zwei Jahren in einen Mann verliebt habe, den ich in einer Kuschelgruppe kennengelernt habe. Das war eine sehr positive und sehr heftige Erfahrung, aber die hat sich nach einer gewissen Zeit nicht in mein Alltagsleben integrieren lassen. Und von daher finde ich das heute für mich mal wieder ein interessantes Experiment, was hier passieren wird und wie sich das für mich anfühlt. Aber ich freue mich!

Hallo, ich bin Adalbert. Ich kann mich noch genau daran erinnern, als ich zum ersten Mal zur Kuschelparty wollte. Das war lange bevor ich zum ersten Mal zur Kuschelparty gegangen bin. Es war noch Winter, ich hatte das Gefühl, mich auch im übertragenen Sinn auf ein ganz schönes Glatteis zu begeben. Ich bin deswegen ein paarmal umgekehrt und habe eineinhalb Jahre gebraucht, um überhaupt reinzugehen.
Ich habe heute mal überschlagen: Ich gehe jetzt doppelt so lange zur Kuschelparty, wie ich davor weggelaufen bin. Und das ist für mich – das hört sich jetzt albern an –, das ist für mich eine große Errungenschaft. Ich habe ganz große Ängste gehabt, ganz große Angst davor.

Ich habe ganz viel von dieser Angst abgebaut, Angst vor anderen Menschen, Angst vor Gruppen, Angst davor, Grenzen zu setzen. Ich habe das Gefühl, ich bin ganz stark gewachsen in dieser Zeit.
Ich fühle mich sehr zu Hause hier inzwischen, das hätte ich nie gedacht damals, als ich umgekehrt bin.

Ich bin Svenja, kuschle seit zwei Jahren und habe auf jeden Fall unheimlich viel über mich selbst gelernt, über meine Grenzen und so weiter. Aber solch eine große Gruppe habe ich auch noch nicht erlebt, in den ganzen zwei Jahren nicht. Ich freue mich unheimlich auf den Abend.

Ich bin Anna. Ich war schon zwei-, dreimal auf einer Kuschelparty innerhalb von drei Jahren. Ich dachte eigentlich, ich komme nicht wieder, aber jetzt bin ich wieder da, und ich freue mich drauf.

Hallo, ich bin Katrin. Als ich das erste Mal hier war, war ich ganz aufgeregt. Das war noch im »Mauz«. Meine inneren Grenzen haben sich gelockert. Ich weiß jetzt sehr wohl, was ich will und was ich nicht will.

Ich bin der Hans. Ich komme schon seit drei Jahren hierher und bin kuschelsüchtig, was ich ganz toll finde. Ich bin ohne Vater groß geworden und kann hier neue Erfahrungen sammeln.

Mein Name ist Felicitas – und ich habe auch keinen Vater, fällt mir da auf. Ich bin jetzt, glaube ich, das sechste Mal hier, komme so seit dem Sommer, und immer noch mit einer Riesenskepsis. Ich habe dann noch mal geguckt und noch mal geguckt. Ich komme immer noch gucken. Und jetzt so eine Riesengruppe! Es ist aber so, dass ich mich freue – drei, vier Menschen, die man ja doch schon mal gesehen hat, das ist dann schon so ein bisschen wie Familientreffen. Das finde ich sehr schön.

Ich bin Klaus-Dieter. Ich glaube, ich kuschle seit dem ersten Lebensjahr. Aber trotzdem habe ich das Gefühl, dass ich im Moment immer bedürftiger werde, je länger ich hier sitze. Irgendwas ist schiefgelaufen. Ich freue mich sehr, auch wenn ich nicht weiß, was passiert. Ich bin mitgebracht worden von einer netten jungen Dame.

Hallo, ich heiße Roland. Ich bin seit drei, vier Monaten Single und habe so einige Entzugserscheinungen. Ich habe zufällig einen Flyer entdeckt und hoffe, dass das hier was Schönes wird. Ich freue mich und bin gespannt – und das erste Mal hier.

Hallo, ich bin Pascale. Ich gebe es zu: Ich bin kuschelsüchtig. Aber ich stehe dazu! Und ich versuche, das immer mehr in mein Leben zu integrieren. Wo ich das entdeckt habe, war das für mich die Möglichkeit, meinen Stress abzubauen, aber vor allen Dingen in Verbindung mit mir zu kommen, in Verbindung mit meinem Körper, Heilung – auch mit Männern, und spüren, dass mein Körper auch so geehrt werden kann, ohne dass Liebe im Spiel ist. Das ist ein Übungsfeld hier für mich. Ich komme immer wieder gerne.

Mein Name ist Mosche oder Moses. Ich habe versucht, zu erinnern, wann die erste Kuschelparty war. Ich bin nicht mehr ganz sicher, aber ich denke, es war im März. Und ich bin ziemlich sicher, dass ich sehr aufgeregt war. Das habe ich noch im Kopf. Und ich merke, jetzt ist es schon einige Zeit her, und mittlerweile komme ich anders her. Ich finde es eine tolle Gelegenheit, mich auszuleben. Und diese Runde finde ich heute besonders schön mit so vielen Menschen.

Ich bin der Klaus. Normalerweise bin ich zu dieser Zeit immer in einem Gottesdienst, z.B. im Dom. Ich habe beobachtet, dass die Leute immer ziemlich vergrätzt aus der Kirche gehen. Ich würde gern mal sehen, ob sich das ändern ließe, wenn die Gottesdienstbesucher mit bischöflichem Segen Kuschelpartys besuchen würden.

Ich bin der Peter. Was ich am Kuscheln immer wieder faszinierend finde, ist, dass man mit Menschen total schöne Kuschelerlebnisse hat, mit denen man es echt nicht erwartet hätte.

Mein Name ist Olaf. Ich bin das erste Mal hier, und ich freue mich auf das, was da kommen wird. Ich habe noch keine Kuschelparty-Erfahrung gemacht, habe aber früher mal einen Massage-Kurs ge-macht – habe also massiert und wurde massiert – und habe durchaus auch Berührungen gehabt und keine Ängste zu berühren. Zudem tanze ich relativ viel, Foxtrott und Standard, da hat man ja auch immer Berührungen. Da habe ich eigentlich keine Probleme damit, andere Leute zu berühren. Ich würde gerne diese Erfahrung hier noch dazugewinnen.

Ich heiße Markus. Im Leben kennen mich viele auch als den ›Ku-schelriesen‹. Die Berührung ist mir sehr wichtig. Meine Mutter hat mich nicht berührt, als ich Kind war. Ich habe immer die körperliche

Nähe gesucht, durch Reiki und durch Bonding. Damals kannte man noch keine Kuschelpartys. Ich war vor Kurzem in einem Restaurant, da hat eine Kellnerin ihren Arm auf meine Schulter, auf meinen Arm gelegt, und ich bin aufgegangen. Das war ein herrliches Gefühl. Es gibt wissenschaftliche Studien über das Thema Berührung. Ich merke nur, dass ich gerne Menschen berühre … und am liebsten wie Free Hugs die Menschen in den Arm nehmen würde. Aber als ich einmal nach einer Kuschelparty nach Hause kam und meinen großen Nachbarn, den ich nicht so oft sehe, einfach so in den Arm genommen habe, da guckte er mich ganz verwirrt an … Eine der schönsten Erfahrungen war in Köln bei der Kuschelparty, wo regelmäßig zwei körperlich Behinderte da sind und durch eine Menschenschlange durchgezogen werden von dem Trainer, sodass die dann absichtslos angefasst und berührt werden. Das Bild werde ich nie vergessen. Das ist einfach Heilung pur. Und letztes Mal, als ich hier war, habe ich geweint bei der Übung, aus meiner letzten Beziehung heraus, aus der Verletzung heraus, wo ich drei Jahre Pause gemacht habe aus Rücksicht auf die Partnerin. Ja, ich bin wieder Single, und ich kuschel wieder gerne und freue mich auf den heutigen Abend.

Ich bin der Andy. Ich komme auf jede Kuschelparty, wo ich hinkommen kann. Das mache ich seit vier Jahren oder so, da bin ich nicht ganz sicher. Wenn ich überlege, wie ich damit angefangen habe, dann war das eine Zeit der Trennung. Ich sah einen Flyer und wusste: Das ist es, das brauche ich. Ich bin hingekommen und habe mit der Zeit gelernt, dass ich mich selbst sehr entwickeln kann in so einer Atmosphäre von gegenseitigem Beschenken. Dass ich eine Gemeinschaft finde in einem Stamm von Kernkuschlern, also in einem Kreis, in dem ich viele Menschen kennengelernt habe und mich immer wieder freue, wenn ich sie sehe. Ich glaube schon, dass ich mich in dieser Zeit als Person entwickelt habe und dass das Kuscheln oder das Teilnehmen an Kuschelgruppen für mich ein Stück weit eine Therapie gewesen ist. Wenn ich hier heute bin – meine Güte, so viele Leute auf einer Kuschelparty habe ich noch nicht gesehen! Ich glaube, das wird aber eher gut sein. Und ich freue mich darauf, weil ich ein paar Gesichter hier entdeckt habe in der Runde, da hätte ich nicht gedacht, dass ich die auf einer Kuschelparty treffe, und das finde ich auch schön.

Kuschelparty Frankfurt

Ich bin Matthias. Ich weiß noch, als ich vor einem Jahr hierher gekommen bin, war ich sehr nervös, weil ich wusste, dass das Thema Nähe und Berührung schwierig für mich wäre. Aber ich habe gemerkt, dass ich auch im Alltag schon etwas lockerer bin, andere Leute zu berühren und auf sie zuzugehen. Das hat auch über die drei Stunden hinaus etwas gebracht.

Ich bin Uli. Ich bin inzwischen immer hier, und ich weiß, warum. Was sich bei mir verändert hat im Leben, ist, dass ich ein paar Hängepartien, was Beziehungen angeht, einfach beendet habe. Ich habe Nein gesagt und habe Wurzeln wachsen lassen hier in der Gegend. Dadurch, dass ich Nein sagen konnte, war ich frei, hatte wieder Energie und Möglichkeiten, und bin jetzt anderen Leuten schön nahegekommen.

Ich bin Johannes. Beim ersten Mal war ich ein bisschen skeptisch, ob so eine Veranstaltung funktioniert, und war sehr überrascht, dass die Idee, die ich originell finde, so gut funktioniert. Und dass man so schnell in Kontakt kommt.

Ich bin der Uwe. Für mich war es sehr überraschend, auf der Kuschelparty festzustellen, dass das Fühlen mit geschlossenen Augen oft etwas völlig anderes ist als mit offenen Augen. Ich finde es sehr spannend, dem Fühlen mit so vielen Menschen und so viel Zeit innerlich nachzuspüren und mich dabei zu beobachten.

Ich bin der Klaus-Dieter. Ich bin seit vier Jahren dabei und mache jedes Mal neue Experimente und Erfahrungen. Das Schönste ist, dass die äußere körperliche Berührung auch eine innere Berührung auslöst.

Ich heiße Gerald. Ich arbeite unter anderem als Körpertherapeut und liebe Berührungen. Bei der Kuschelparty ist das Besondere, dass man eintauchen kann, es also nicht begrenzt ist auf ein Körperteil wie bei der Massage, sondern es ist so ein bisschen wie ins Wasser springen, ein Ganz-umhüllt-Sein. Das mag ich besonders an Kuschelpartys.

Ich bin die Cornelia. Ich habe einmal ein faszinierendes Erlebnis gehabt, eine tiefe Verbundenheit für Bruchteile von Sekunden mit einer Frau, auf beiden Seiten, das fand ich ganz toll. Und die vielfältigen Gefühle, dieser Reichtum an Gefühlen, die in einem ausgelöst werden, alles Mögliche von Angst, Neid, Missgunst bis hin zu Glücksgefühlen. Was ich hier erlebt habe, war schon wirklich die breite Gefühlspalette, und das ist ganz faszinierend.

Ich bin Katrin. Ich komme schon seit zwei Jahren hierher. Das ist wirklich ein Ort der Geborgenheit, eine Art Familie, das gibt mir unheimlich viel wertvolle Begegnungen, und das genieße ich sehr. Das ist auch ein Ort des Selbst-Experimentierens, und das habe ich seit zwei Jahren auch viel für mich gemacht, für mich zu sorgen, Grenzen zu setzen.

Ich bin Frank. Als ich 2009 zu Weihnachten in Berlin zu meiner ersten Kuschelparty gegangen bin, da war ich auch sehr nervös. Nicht, weil ich unbedingt Berührungsängste gehabt hätte. Aber ich wusste nicht, was da auf mich zukommt. Der Abend war so schön, das war der erste Weihnachtsfeiertag, das hat das zu einem sehr besonderen Weihnachten für mich gemacht. Und als ich dann erfuhr, dass das Gleiche auch hier in Frankfurt stattfindet, dass du sozusagen zwischen Berlin und Frankfurt ständig hin- und herdüst, um uns sowohl dort als auch hier diese wunderbaren Kuschelpartys zu organisieren, war ich sehr froh und habe dann auch recht schnell den Weg hierher gefunden. Ich bin ziemlich häufig hier und immer wieder gerne, nicht zuletzt, weil es auch so eine Art Familie ist, die man hier immer wieder trifft. Es sind immer wieder neue Leute da, immer wieder neue Begegnungen möglich, aber es sind auch immer wieder Leute da, die man gerne wiedertrifft und die man immer wieder gerne in den Arm nimmt.

Ich bin Stefan. Vorletzten Mai bin ich noch mehr mitgeschleift worden als freiwillig hergekommen. Seitdem hat es sich zu einer festen Größe entwickelt. Ich finde es auch sehr schön, diese Übung, wo wir mit geschlossenen Augen uns berühren und durcheinander gehen. Dann kommt es nur noch darauf an, ob die Energie angenehm fließt, und das ist schon fast mit jedem Menschen möglich. Das ist eine schöne Lernerfahrung, dass man das Äußere zu relativieren lernt.

Ich bin Sybille. Ich bin jetzt das dritte Mal hier und kann eigentlich nur sagen, ich bin noch mitten in der Forschung. Das ist ein Forschungsfeld hier für mich selbst und die Gruppe. Ich finde es sehr, sehr spannend und komme auch immer so ein bisschen mit Bauchgrummeln her. Meine Freundin ist leider auf der Strecke geblieben, die hatte zu viel Bauchgrummeln. Ich habe es geschafft, und es geht von Mal zu Mal, ehrlich gesagt, besser. Das erste Mal hatte ich große Schwellenangst und wollte auf dem Absatz kehrtmachen. Ich wusste aber gar nicht genau, wovor, weil ich eigentlich gar keine Berührungsängste habe. Aber es war alles so unbekannt, was hier passiert. Und alles, was uns unbekannt ist, macht uns offensichtlich Angst. Ja, ich freue mich, wieder hier zu sein.

Hallo, ich bin der Ralf. Ich bin auch schon ein paar Jahre dabei. Gerade, wenn man als Mann eher groß und schwer ist und sich manchmal ganz klein und allein fühlt, das hat es da draußen eigentlich nicht zu geben, aber hier drin darf man halt auch so sein. Und das ist schön.

Ich bin Thorsten. Ich komme seit eineinhalb Jahren. Ich fühle mich hinterher immer sehr entspannt und erfüllt. Das ist ein sehr schönes Gefühl, das hinterher da ist. Und selbst durch die Momente, in denen es irgendwie mal unangenehm ist oder in denen ich mich weniger gut fühle, entdecke ich oft viel über mich selbst. Weil ich an den Dingen, die in mir passieren, viel Interessantes feststelle in Bezug auf die Gefühle, mit denen ich auf andere Menschen zugehe. Oder wenn ich etwas ändern möchte, was da mit mir passiert, das finde ich sehr spannend. Das finde ich eine schöne Gelegenheit, zusätzlich zu dem sehr Entspannenden und Erfüllenden, was die meiste Zeit über da ist.

Ich bin die Ruth. Es gibt viele Möglichkeiten, zu entspannen, und ich habe für mich die Erkenntnis gewonnen, dass ich übers Kuscheln am schnellsten und auch am tiefsten entspannen kann. Ich habe auch ganz viele andere Dinge kennengelernt, die möchte ich jetzt nicht hier sagen, die gehören nicht hierhin. Und ich bin sehr dankbar, dass du das anbietest, Rosi. Ich hätte mir gewünscht, dass ich das schon früher für mich entdeckt hätte, aber das war halt nicht die Zeit, anscheinend. Aber jetzt genieße ich es umso mehr.

Ich bin Hans-Günther. Ich bin ungefähr drei Jahre jetzt dabei. Eine meiner wichtigsten Erfahrungen war, dass ich jetzt weiß, dass auch Männer zärtlich sein können ... Diese Einführungsübung finde ich sehr intensiv, wo man die Augen schließt und aufeinander zugeht. Weil man dann schon merkt, dass es bei Männern auch funktioniert. Man kriegt ja nachher raus, wer Mann oder Frau ist, meistens haben die Männer ja Haare auf den Armen ... Mir hat es sehr gut gefallen. Es war, glaube ich, auch der richtige Zeitpunkt für mich.

Ich bin die Ines und komme seit eineinhalb Jahren hierher. Und in den eineinhalb Jahren hat sich schon sehr viel in mir verändert. Ich habe viel mehr innere Zufriedenheit gewonnen und auch Stärke, und das hat selbst die Familie gemerkt. Also, es hat sich etwas geändert. Dafür bin ich dir auch sehr, sehr dankbar.

Ich bin der Boris. Ich bin vor fast zwei Jahren das erste Mal hier gewesen. Es war Faschingskuscheln in einer Zeit, in der es mir extrem schlecht ging. Diese Zeit war natürlich sehr belastend. Und es war eines der ersten Male, wo ich aus meinem Schneckenhaus rauskam. Diese Kuschelparty war ein Türöffner für mich. Und ich bin in der Zeit – da konnte ich noch nicht arbeiten – zu jeder Kuschelparty gekommen, fast ein halbes Jahr lang, wirklich konsequent. Das war sicher ein ganz wichtiger Teil in meinem ganzen Heilungsprozess. Ich kann mich dem, was hier gesagt wurde, ziemlich anschließen: Ich möchte Dir danken für den Rahmen, den Du schaffst. Du schaffst Freiheit und trotzdem Sicherheit. Freiheit zu experimentieren, aber trotzdem ist da ein Rettungsfallschirm, falls irgendetwas schiefgeht. Und das finde ich eine besondere Gabe: diese Sicherheit zu geben, ohne dass man sich eingeschränkt fühlt.

Ich bin die Cornelia. Ich bin hierhergekommen und hatte so ein Riesenloch in meinem Bauch und in meinem Herzen – und das Loch ist zu. Das hat es echt gebracht!

Ich bin Barbara. Ich lebe normalerweise in Spanien. Ich habe noch nie Probleme gehabt, andere zu berühren. Im Gegenteil, ich habe mir immer gewünscht, sie zu berühren. Ich habe auch Säuglinge behandelt, als Krankengymnastin. Und ich bin sehr gespannt! Ich war natürlich doch ein bisschen aufgeregt, klar! Aber ich freue mich, und ich bin ohne Erwartungshaltung hierhergekommen. Ich lasse es einfach auf mich wirken.

Ich bin der Peter. Sieben Jahre! Ich war ja von Anfang an dabei. Das verändert schon das Leben ... Ich habe schon immer gerne gekuschelt und kann mich noch an WG-Zeiten erinnern vor dreißig Jahren oder so, in denen wir schon große Kuschelhaufen zum Fernsehen gebildet haben. Also, insofern ist das für mich nicht so fremd gewesen, aber es tut einfach gut, regelmäßig zu kommen – das ist schön. Einmal im Monat bin ich immer hier.

Ich bin Christine. Ich gehe hier jetzt seit ein paar Monaten hin, mehr oder weniger immer. Bevor ich hierhergekommen bin, war das mit dem Kuscheln nichts für mich. Ich habe nie gerne Leute angefasst. Ich wollte niemanden in der Nähe haben, so nahe an mir dran. Aber dann, vor anderthalb Jahren, habe ich gedacht: Jetzt muss sich mal was ändern in meinem Leben. Und dann habe ich mit ein paar Sachen angefangen, bin auch hierhergekommen und habe mich hier komplett neu kennengelernt. Mittlerweile kuschle ich total gerne. Eigentlich habe ich jetzt gemerkt, dass mir das total liegt, dass ich das nur nicht zugelassen habe all die Zeit, weil es irgendwie viel zu gefährlich erschien. Deswegen bin ganz happy hier und komme unheimlich gerne wieder her.

Hallo, ich bin Jana. Ich bin seit September sehr regelmäßig hier. Ich habe das Gefühl, hier gibt es immer Struktur und Sicherheit, und trotzdem kann man sich fallen lassen – oder vielleicht gerade deswegen kann ich mich fallen lassen. Mit fremden Leuten zu kuscheln, das war für mich auch ziemlich neu, aber es hat eigentlich recht gut geklappt. Und jetzt kann ich manchmal gar nicht genug davon kriegen.

Live in Funk und Fernsehen

in einem Bericht von Spiegel-TV über die Kuschelparty München am 22.05.06

Ich habe bemerkt, dass ich, weil ich so wenig Berührung bekommen habe, Sex gehabt habe, weil ich gedacht habe, ich brauche es, berührt zu werden. Ich habe unbewusst durch Sexualität Nähe gesucht.

Ich bin Single, und deswegen ist da ein kleines Vakuum. Hier treffe ich nette Leute, und man lernt sich auch kennen mit der Zeit. Man findet so einen netten Kontakt miteinander. Das ist wie eine Familie, und das ist toll.

Ich habe keinen Mann und keine Frau gespürt. Ich habe Liebe, ich habe Zuwendung gespürt.

Man muss mir nur in die Augen schauen, um zu wissen, dass da eine Veränderung stattgefunden hat.

in einem Bericht des Bayerischen Rundfunks (BR2 Radio) von der Rauf-und-Kuschelparty am 24.08.07

Ich habe gelernt, dass es auch interessant und schön sein kann, Männerarme zu berühren, Männerschultern zu berühren und ein Männergesicht zu berühren.

in einem Bericht von Radio Arabella von der Kuschelparty München am 20.03.09

Dieses Kuscheln zu spüren, ohne etwas tun zu müssen – was ja sehr häufig der Fall ist, dass irgendetwas daraus folgt –, sondern sich einfach in diese Kuschel-Nestwärme reinbegeben zu können und das genießen.

Was für mich das Schöne daran ist, ist das völlig absichtslose Berühren, das Einfach-Zusammenkommen der Körper ohne Absicht, in kindlicher Unschuld.

Unschuldiges und anständiges Kuscheln und Streicheln, das ist es wirklich, fast so was wie Selbstfindung. Irgendwie wie Yoga mit Anfassen. (Kommentar der Reporterin)

Mit Abstand nach der Veranstaltung

Viele der folgenden Zitate sind übernommen von www.kuscheln-in-muenchen.de und www.rauf-und-kuschelparty.de (Stand 22.10.12). Sie stammen alle von Menschen, die sich nach dem Besuch einer Münchner Kuschelveranstaltung mit einigem Abstand schriftlich dazu geäußert haben.

Erfahrungsberichte Kuscheln-in-München

Viele Übungen kann man zu zweit in der Partnerschaft gar nicht erleben, weil sie nur in einer größeren Gruppe möglich sind.

Kuschelparty-Impressionen
von Dana, Ingrid und Walter

Bin beruflich bekennender »Grapscher« (nehme meine Patienten viel und gerne an der Hand oder in den Arm, wenn es notwendig ist) und sportlich als Kampfsportler auch nicht gerade kontaktscheu.
Und bis vor Kurzem war mir gar nicht klar, dass mir z. Zt. etwas sehr Wichtiges fehlt.
Ein Fingerzeig in der Richtung kam von einem Mann, der mich in der Nacht einfach nur halten wollte, weil ich einen so »liebebedürftigen« Eindruck machte.
So bin ich heute relativ neugierig zu meiner ersten Rauf-und-Kuschelparty gestartet. Meine Mitstreiter mit mehr oder weniger Erfahrung entpuppten sich als ganz normale Mitmenschen (große, kleine, dicke, dünne, laute, leise …).

Es war (auch Dank der einfühlsamen Ein- und Anleitung) in keinem Moment peinlich oder unangenehm, sich auf wildfremde Menschen einzulassen, sich zu öffnen, mit ihnen Körperkontakt zu haben, mit ihnen zu kuscheln.

Mir hat das Kuscheln eindeutig mehr Spaß gemacht als das Raufen. Liegt sicher daran, dass ich mich kampfmäßig mehrmals wöchentlich austobe. Ich habe jede Streicheleinheit aufgenommen wie ein Schwamm und werde wohl wieder eine Zeitlang davon zehren.

Vielen Dank an alle Beteiligten!

Werde mich sicher wieder blicken lassen, wenn es der Trainingsplan erlaubt.

Erste Erfahrungen
von Sylvia

Liebe Kuschelparty-Anleiter/-innen,
ich schaue gerade auf mein bewegtes 2006 zurück und wollte mich auch bei euch bedanken für euren Beitrag dazu! Die Kuschelpartys bereichern mein Leben sehr, gerade durch eure liebevolle und kompetente Anleitung sind sie ein Highlight in meinem Jahresrückblick geworden.

Neujahrsgruß
von N.

Ich bin gerade in der Vor-Trennungsphase von meinem Mann und innerlich so verletzt und verwundet, dass ich mir nicht noch mehr mögliche Enttäuschungen oder ähnlich belastende Gefühle zumuten will ...

Schön, dass es eure Kuschelpartys gibt. Die machen stark, und ich fühle mich einigermaßen »sicher« vor Beziehungsmüll.

E-Mail an den Kuschelmeister
von Ute

Absichtslosigkeit: Das ist ein zentraler Begriff bei den Kuschelparties. Es geht um körperliche Nähe und nicht um irgendwelche damit verbundenen Absichten. Ich darf alle meine vielen plappernden Gedanken laufen lassen, alle meine Erwartungen, Sympathien und Antipathien, allem, was gerade noch aus meinem eigenen Kopf auf mich einstürmt, brauche ich keine Beachtung zu schenken. Ich brauche nur darauf zu achten, wie ich mich gerade selbst spüre, und ich darf mich an die Menschen um mich herum anlehnen und anschmiegen, ohne daran zu denken, was ich dafür tun muss. Ich darf sie berühren und mich berühren lassen, ganz ohne irgendeine Absicht, ohne einen Hintergedanken, ohne eine Bedingung und ohne einen Vorwand. Ich kann ganz darauf vertrauen, dass ich, wenn ich etwas nicht mag, das ganz schlicht sage oder die fremde Hand woandershin oder von mir weglege oder mich einfach selbst woandershin begebe, wo es mir gerade angenehmer ist. Außerdem achten die Kuscheltrainer ganz unaufdringlich auf mich und auf alle, und sie fragen im Zweifel sogar nach, ob ich mich wohlfühle. Vielleicht bringen sie mir Kissen oder eine kleine Erfrischung. Und sicher kommen sie sofort zu mir, wenn ich nur die Hand hebe.

Die Kuscheltrainer ermuntern manchmal ganz sanft, doch den Platz zu wechseln, um noch weitere Erfahrungen zu machen. Es ist nicht wichtig, an wen angeschmiegt ich liege.

Zur Absichtslosigkeit gehört auch, dass die Kuschelparty nichts mit einer Dating-Veranstaltung zu tun hat. Es ist nicht ihr Sinn, dass sich Pärchen bilden. Es lässt sich gar nicht vermeiden, dass auch Männer an Männer angeschmiegt zu liegen kommen und Frauen an Frauen. Und dabei gilt, wie bei jeder Begegnung: Ich hab genügend Zeit, in mich hineinzuspüren, wahrzunehmen, was ich fühle – ganz unabhängig von meinen vorigen Erwartungen. Und dann bleibe ich dort, oder ich bewege mich woandershin, wo ich mich wohlfühle.

Es gibt keine Anmache dort. Sogar diejenigen, die schon als festes Paar zur Kuschelparty kommen oder als alte Freunde, lassen das Küssen dort aus Rücksicht bleiben – dafür umarmen sich meist alle herzlich. Dass dort nicht geküsst wird, hat einen Grund: Niemand soll denken, das Küssen gehöre zum Kuscheln dazu oder es werde erwartet, dass jede und jeder mitküsst oder Küsse über sich ergehen lässt. Denn jemand, der zum ersten Mal dabei ist oder sich vielleicht ein wenig unsicher fühlt oder niemanden kennt, kann ja nicht wissen, was zur Kuschelparty dazugehört und was nicht.

Aus demselben Grund bin ich froh, wenn manchmal jemand nicht mittanzt, aber dennoch im Raum bleibt, bis das Tanzen vorüber ist. Der Nichttänzer wird seine Gründe haben, dennoch entzieht er sich nicht und bleibt präsent und sichtbar. Er macht auf seine Weise mit – ganz einfach.

Es gibt ein Sofa als Rückzugsort. Es ist sehr beruhigend, solch einen Ort zu haben: keine Fragen und keine Kommentare dort, jederzeit kann ich mir für kurz oder länger vom Kuscheln eine Auszeit nehmen und brauche nicht mal den Raum zu verlassen.

Letztendlich liegen alle durcheinander auf einer großen Insel aus Dutzenden weicher Matratzen, und ich habe keine Ahnung, wer sich in meinen Arm schmiegt, wer mir übers Haar streicht, an wem mein Rücken so sanft und warm ruht oder wer meine Füße zudeckt. Das ist paradiesisch.

Ja, ich habe mich auf der allerersten Kuschelparty, zu der ich gegangen bin, ein bisschen unsicher gefühlt. Ich hatte lange überlegt, ob ich mich allein hintrauen soll oder jemand Vertrauten mitnehmen, obwohl ich gerade nicht mit besonderen Erwartungen hingehen wollte. Ich hatte damals beschlossen, meine Neugier über meine Schüchternheit und meine fröhliche Zuversicht über meine Erwartungen oder Hoffnungen siegen zu lassen. Ich bin damals alleine hingegangen. Dass die Kuschelparty von mehreren »Kuscheltrainern« angeleitet wurde, hat gleich sehr viel Unsicherheit und Spannung von mir genommen. Diese sorgfältige aber unaufdringliche Anleitung hat es mir ermöglicht, recht unbefangen gleich mitzumachen. In der ersten Stunde ging es überraschenderweise noch kaum ums Kuscheln. Das war sehr hilfreich. All die ersten Eindrücke, die auf mich eingestürmt sind, all die Schubladen (sympathisch – unsympathisch, langweilig – anziehend, hübsch – hässlich), in die ich die anderen Menschen dort schon beim Ankommen in Sekundenschnelle eingeordnet hatte, all dieses »Abchecken« war völlig unwichtig geworden. Meine eigenen Gedanken und meine eigene Skepsis: Wie komme ich bei anderen an? Mögen die mich überhaupt anschauen? Wen mag ich?, sind ganz unwichtig geworden. Nach kurzer Zeit fand ich alle, alle Menschen dort angenehm und sympathisch, und endlich war es mir ganz und gar egal, neben welche dieser Menschen ich schließlich zu liegen komme. Alle waren sehr angenehm und kuschelig, und ich war glücklich. Was ich mir zuvor nicht recht hatte vorstellen können.

Am schönsten war, dass sich die ganze Menge Menschen nicht in Pärchen geteilt hat, sondern schließlich in einem großen Knäuel zusammengekuschelt dagelegen hat. Ein ganz besonderer Zauber, weit jenseits von allem, was je (in Film und Fernsehen oder sonst wo) dargestellt wurde.

Dieses erste Mal war vor 7 Jahren bei der dritten Kuschelparty in München. Seitdem war ich schon auf einer ganzen Menge verschiedener Kuschelveranstaltungen. Jedes Mal war ich sehr froh, manchmal fröhlich, manchmal sehr entspannt und manchmal tief berührt. Immer aber ganz wunderbar von freundlichen, sanften Menschen umgeben.

Rückblick
von Matthias

Weitere Erfahrungsberichte München

Die folgenden privaten Rückmeldungen wurden nicht auf www.kuscheln-in-muenchen.de veröffentlicht.

Der gestrige Kuschelabend hat mich sehr beeindruckt und wirkt auch immer noch äußerst angenehm nach. Spannend, verwirrend und natürlich auch sehr wohltuend ...

Wo ich aber dachte, schon ein wenig zu mir selbst gefunden zu haben, und auch meinte, schon sehr offen für andere Menschen zu sein, wurde ich hier von meinem Gefühl und meiner eigenen Körpersprache oft eines Besseren belehrt. Aber ich weiß, das macht ja nichts – ich bin auf dem Weg und unendlich dankbar dafür, eine neue Perspektive einnehmen zu können. Und bin dabei auch aus tiefstem Herzen dankbar für eure Organisation und den so einfühlsamen Einsatz!

Einen Mann für Sex finde ich an jeder Ecke. Aber einfach nur in den Arm genommen werden, das finde ich nur hier.

Meine größte Aufregung erlebe ich immer, wenn ich den Menschen in die Augen sehe – und dabei den Menschen erkenne, wie er doch auch in mir steckt mit den ganzen Wünschen, Ängsten, Sehnsüchten … Wenn der Kopf dabei dazwischenfunkt, klappt es nicht – aber wenn ich mich ohne Umweg öffnen kann, dann ist es ein Wahnsinnserlebnis.

Teilnehmer-Feedback Kuschelparty Berlin

zur Verfügung gestellt von der Veranstalterin Rosi Döbner

Ich habe eine Erfüllung erfahren, die ich sonst nur vom Sex kenne, eine völlig neue Erfahrung für mich.

Es ist für mich immer wieder erstaunlich, wie sich innerhalb von 3 Stunden Menschen nahekommen, die sich vorher nicht kannten.

Ich habe an den letzten Abenden hier für mich gelernt, mir das zu nehmen, was ich mir wünsche.

So schön, sich ohne Worte zu begegnen, da merkt man, wie viele Worte man sich im Alltag sparen könnte.

Der letzte Abend hat mir so gut getan, ich war noch Tage danach aufgetankt und erfüllt und habe da erst gemerkt, was mir sonst so im Alltag fehlt.

Ich liebe das Leuchten in den Augen der Menschen nach dem Kuscheln am Ende des Abends.

Dass es funktioniert, hatte ich gehofft, dass es aber so wunderbar und schön ist, hätte ich nicht erwartet. Ich fühle mich so gut wie selten in meinem Leben.

Erfahrungsberichte
Rauf-und-Kuschelparty (München)

Als ich um die Weihnachtszeit das erste Mal von Rauf-und-Kuschelpartys in Deutschland hörte, meinte ich spontan: »Das ist ja eine geniale Idee! Großartig! Da fahre ich hin, und das schaue ich mir gleich persönlich an!« Ich fuhr gemeinsam mit Johannes nach München, und wir waren schon sehr gespannt, wie das Ganze ablaufen würde. Gleich vorweg: Es war einfach himmlisch!

Natürlich hatte ich auch Bedenken, wie das wäre, mit wildfremden Menschen zu kuscheln. Raufen konnte ich mir da schon viel eher vorstellen, da ich schon viele Jahre Gruppenerfahrung hinter mir habe.

Wir wurden sehr lieb willkommen geheißen, und erst mal wurde getanzt. Danach bildeten wir einen Sitzkreis, und wir besprachen noch Unklarheiten, die bei den »Neulingen« auftauchten.

Danach fassten wir uns an den Händen und spürten – zu schöner Musik – einmal die Energie, die alle im Raum miteinander verband. Es folgten Wahrnehmungsübungen, und dann begann schon die erste Runde Spaß-Raufen auf einem großen Matratzenlager. Wir saßen einander erst mal nur gegenüber und legten die Handflächen aufeinander, um den ersten Kontakt herzustellen und um uns und den anderen zu spüren. Es war wichtig, bei sich zu bleiben!

Es wurde ein wunderbares Rangeln und Ringen, das herrlich Spaß machte. Wir lachten sehr viel.
In der Pause gab es Tee und Kekse und weiteres Geknuddel.
Auf zur zweiten Runde! Jetzt wurde gekuschelt. Es ging viel einfacher als ich dachte, fühlte sich nährend und wunderbar wohlig an.

Mein Resümee nach diesem Abend: Raufen und Kuscheln sind einfach himmlisch!
w, ?

Die Nähe, die ich an diesem Abend erfahren habe, kenne ich sonst nur aus sexuellen Beziehungen oder aus dem engsten Familienkreis. Und die Intensität der Erfahrung war so hoch, wie ich sie bisher nur auf einem einwöchigen Retreat erlebt habe.
w, ?

Das Raufen fand ich ganz toll, so spielerisch in die Kraft und Energie zu kommen. Die einzige Regel, »sorge für dich«, und dann die Achtsamkeit mit mir selbst und den anderen, die eigene Kraft und die der anderen zu spüren, sich auszutoben und nach außen zu gehen, fand ich klasse. Dann wieder nach innen, in die Ruhe zu kommen, bei mir selbst zu bleiben, mich zu beobachten – aus dieser Energie heraus war es für mich viel leichter, ins Kuscheln zu kommen, mich fallen zu lassen und dem Sein hinzugeben; zu berühren und berührt zu werden. Stelle immer wieder fest, wie wertvoll diese Begegnungen mit Menschen für mich sind.

Auf dieser Sinnesebene, dem Spüren, dem Zulassen, den anderen annehmen, wie er ist, mich annehmen, wie ich bin. Die »Wahrheit« zu erkennen in dem, was ist. Das ist meine Suche nach dem, was mein Herz zum Singen bringt, was mir Freude bereitet, was mich leben lässt. Mich immer wieder und immer wieder neu darauf einzulassen, was passiert, was und wer mir begegnet, wie ich darauf reagiere und was es mit mir macht. Den Mut zu haben, auf den anderen zuzugehen und ihn anzuschauen und mich zu zeigen.

m, 49

Ich habe die Einladung zur Kuschelparty per Mail im Büro erhalten. Erstmal rätselte ich, von wem ich sie bekam. Nach einigen Wochen las ich diese Einladungsmail noch mal und gab dann mein Einverständnis, weitere Einladungen zu bekommen. Irgendwie war ich neugierig! Irgendwann ging ich hin!

Ein seltsames Gefühl – was erwartete mich? Der freundliche Empfang und der Eindruck, dass einige andere genauso unsicher waren wie ich, halfen über die ersten »fremden« Minuten hinweg. Drei Menschen erklärten die Regeln, und dann krabbelten erwachsene Männer und Frauen zwischen 35 und 50 auf den ausliegenden Polstern herum und miauten. Wir waren Katzen!

Ich kicherte vor Vergnügen – fand es lustig und fühlte mich wie ein kleines Kind. Sich aneinander reiben, wie eine Katze um jemanden rumstreichen – es war gar nicht komisch, sondern einfach nur behaglich.

Dann eine Vorstellungsrunde – aber ohne Namensnennung und Offenbarungen –, wir blickten einander der Reihe nach einfach nur intensiv in die Augen. Unglaublich, was ich da alles rauslesen konnte – es ist gar nicht so leicht, einem intensiven Blick aus nächster Nähe standzuhalten.

Dann das Raufen. Gerne balge ich mit Nichten und Neffen – mit Erwachsenen hat das aber eine ganz andere Qualität. Sie sind (meist) gleich stark. Jede/-r nahm Rücksicht auf die Kraft des anderen, niemand wurde mit Gewalt niedergedrückt, jede/-r reagierte sensibel auf einen etwaigen Rückzug des/der anderen.

Plaudereien gab es wenig – war auch gar nicht notwendig. Man musste nichts erklären, nichts verteidigen, nichts entschuldigen. Wenn ich nicht mehr mochte, zog ich mich zurück, und jede/-r musste das akzeptieren.

Nach einer Erfrischungspause erneutes Raufen – jetzt ging ich schon bewusst auf einige zu, die ich noch nicht kontaktiert hatte. Einige aus der Vorpausenrunde suchten mich wieder auf – erneutes Kuscheln war angesagt.

Teilweise hatte ich jetzt zwei Menschen in den Armen und einen am Fuß liegen, kraulte oder streichelte sie mit Händen und Füßen. Es war Behagen pur. Einige Male vertrieb ich Hände, die unter meinem Pulli landeten, sie folgten brav und sofort – man kann es ja mal probieren …

Wir lagen kreuz und quer – einer von den dreien verzog sich gekränkt – anscheinend war ihm die Konkurrenz zu viel. Auch der andere suchte sich jetzt ein neues Kuschelobjekt, und ich konnte mich nun auf den verbleibenden Kuschelpartner konzentrieren.

Eine ganz neue Qualität – so eng beieinander zu liegen, ohne sexuelle Absichten, auch wenn der Puls langsam höher schlug. Also doch? Gut, dass gegen 22:30 Uhr ganz sensibel zum Sich-Besinnen aufgerufen –wurde – ich verabschiedete mich schnell, ohne mit jemandem etwas auszumachen oder noch auf ein Bier zu gehen. Schön, diese Unabhängigkeit – irgendwie auch egoistisch. Jetzt hatte ich mir meine Streicheleinheiten abgeholt, und dann verzog ich mich, ohne Rücksicht nehmen zu müssen.

Tagelang hatte ich noch ein wohliges Gefühl in mir!

w, 47

Veni, vidi, vici – ich kam, sah und siegte, war mein bisher heilendstes Rauferlebnis. Ich spürte meine Kraft stark, klar und zielorientiert wie nie zuvor, wusste in jedem Moment ganz genau, was zu tun war, und konnte auch jeden Impuls ohne zu zögern ausführen. In wenigen Augenblicken hatte ich meinen Partner zu Boden gebracht. 4 Männer hintereinander. Dies alles geschah nicht nur ausgesprochen kraftvoll, sondern auch sehr achtsam und spielerisch und machte mir einen unglaublichen Spaß!

Das besonders Heilsame daran war für mich, dass mir bewusst geworden ist, wie viel Kraft und Stärke ich eigentlich besitze bzw. durch mich fließen kann, und dabei zu erleben, dass diese Kraft ohne Umwege, ohne Bremse und mit ganz viel Freude und ohne den anderen zu verletzen (!) zum Ausdruck kommen kann. Dieses Erlebnis ist seither eine vollkommen neue Basis für mich und meine Handlungsweise im Alltag.

w, 42

Grundsätzlich würde ich sagen, dass ich keine Angst vor Nähe habe. Im Gegenteil, ich brauche sie auf gewisse Weise mehr, als mir lieb ist. Das war wahrscheinlich auch der Hauptmotivator, eure Party mal auszuprobieren. Unbehaglich war mir trotzdem etwas, das ging bei Überlegungen wie »was ist, wenn mit mir niemand kuscheln mag?« über »was kommen da wohl für Leute?«, «treffe ich einen Bekannten, den ich vielleicht gar nicht treffen will?« etc. los und wurde fortgesetzt, als ich mir in der U-Bahn die Leute ansah, die so ein- und ausstiegen und mit denen ich mir zu kuscheln versucht habe vorzustellen – bei den meisten hätte es mich gegraust …

Gut, das war der Stand der Dinge, als ich bei euch ankam. Dann kam der erste Programmpunkt: Tanzen. Ich habe früher zu Jugendzeiten gerne und viel getanzt, aber die letzten 28 Jahre überhaupt nicht mehr, und habe definitiv verlernt, mich nach Musik zu bewegen. Von daher war ich nicht sehr erfreut, aber was sollte es – ein bisschen mit-gewackelt habe ich ja, allerdings, ohne mich dabei wohlzufühlen.

Die Rauferei war ganz lustig, am meisten Spaß gemacht hat es mir mit meiner weiblichen Partnerin, weil wir wirklich Kräfte messen konnten. Das war zwar nicht Sinn und Zweck der Sache, lief aber irgendwie darauf hinaus. Die Herren der Schöpfung haben sich entweder nicht recht getraut oder so gnadenlos hingelangt, dass ich keine rechte Chance hatte. Aber es hat das Miteinander und die Stimmung gelockert und sicherlich maßgeblich dazu beigetragen, dass das anschließende erste Kuscheln bereits als ganz normal empfun-den werden konnte. Das war sehr schön, einfach nur dazuliegen und Wärme und Zärtlichkeit spüren zu können. Im großen Glückshau-fen hatte ich nicht auf Anhieb den Platz gefunden, an dem ich mich wohlfühlte, und ich wusste dann erst gar nicht recht, wie und ob ich das ändern kann. Erlösend war die Aufforderung, sich einen anderen Platz zu suchen. Der, an dem ich dann gelandet bin, war absolut in Ordnung, und ich habe versucht, meine Gedanken auszuschalten und einfach nur zu spüren und aufzunehmen, was mit mir geschieht. Das ist mir teilweise gelungen und hat unglaublich gut getan – und natürlich auch Sehnsüchte geweckt. Im Alltag arrangiert man sich meist (notgedrungenermaßen) ganz gut mit Defiziten, egal welcher Art, aber wenn man dann mal wieder spürt, wie es eigentlich sein könnte und wie man es gerne hätte, dann ist es für mich zumindest schwierig, loszulassen – in jeder Hinsicht. Meine Ratio sagt mir, dass ich aber genau da aufpassen muss, wenn ich mal wieder zum Kuscheln komme. Ich laufe sonst Gefahr, mich ein bisschen zu sehr zu verlieren, und das bekommt mir nicht.

Fazit: Für mich und, ich glaube, die meisten anderen auch war es ein sehr emotionaler Abend mit »Aufwühlcharakter«.

Etwas befremdlich oder traurig für mich war dann, kaum dass dieser geschützte Raum verlassen wurde, dass bei manchen sofort wieder eine gewisse Unnahbarkeit zu spüren war. Das kann ich schlecht nachvollziehen, respektiere aber natürlich, dass jede/-r dafür Gründe hat. Ja, und das führt natürlich bei mir zu dem Wunsch, etwas mehr über die gestrigen Gruppenmitglieder zu erfahren. Ich weiß aber, dass das jetzt wieder eine meiner Baustellen ist, weil ich gerne hinterfrage, mehr erfahren möchte, mir gerne ein Bild machen würde und, und, und. Das sprengt natürlich den Rahmen und ist wohl auch nicht der Zweck einer solchen Veranstaltung, hinterlässt bei mir aber ein bisschen das Gefühl, dass mir etwas fehlt.

Also, es war ein interessanter, intensiver, emotionaler und schöner Abend – mit kleinen (allerdings meinen persönlichen) Einschränkungen. Ganz sicherlich unvergesslich, und ich bin jetzt schon gespannt darauf, wie ich die nächste Veranstaltung empfinden werde.

w, 50

Erfahrungsbericht Tanz-und-Kuschelparty Weßling

Der Abend in Weßling[44] war außergewöhnlich. Das Thema dort ist ja Tanz-und-Kuschelparty. Also fing es mit viel Musik und Bewegung an: Alles tanzte und hüpfte durcheinander, so ein bisschen wie im Freitänzer.[45] Das war eine angenehme Art, diese vielen (diesmal 23) Menschen etwas ungezwungen zu sehen und zu begrüßen.
In Bewegung fällt mir das leichter bei denjenigen, die ich noch nicht kenne. Die Musik war recht ausgelassen, rhythmisch, der Vollmond schien durch die Fenster herein, und irgendwie drehten die Menschen ganz schön auf: Die Bewegungen wurden immer wilder. Unartikulierte Laute, Wolfsheulen, Kichern … es wurde laut und ziemlich heiß im Raum. Dabei moderierte die Frau, die den Abend anleitete, geschickt und unaufdringlich. Es war wirklich lustig, die Stimmung mitreißend und ausgelassen. Und immer wieder forderte jemand auf (oder heraus …) die Seiten doch einfach mal zu wechseln, nur so, zum Ausprobieren.

---

44 Weßling liegt in der Nähe von München. Das Konzept dieser Veranstaltung ist unter Abschnitt »Tanz-und-Kuschelparty« beschrieben.
45 Der Freitänzer ist eine bekannte Barfuß-Tanzeinrichtung in München.

Die Frauen dominierten den Raum mit schwungvollen Bewegungen – diesmal waren es 15 Frauen, sonst ist es meist ausgewogen. Das Tanzen dauerte ganz schön lange. Die meisten wurden zahmer und sanfter, ich selbst auch, weil es mich ganz allmählich etwas anstrengte. Nach einer Stunde gab es dann eine ausführliche Pause – Zeit zum Plaudern und Durcheinanderlaufen nach dem fast atemlosen Tanzen. Der zweite Teil, das Kuscheln, begann mit ein oder zwei Übungen zur Selbstwahrnehmung. Schließlich wurde fast der ganze Raum lückenlos mit weichen Matten ausgelegt. An einer Wand blieb Platz ausgespart. Dorthin konnte man sich jederzeit aus dem Kuscheln zurückziehen, ohne gleich den Raum verlassen zu müssen.

Das war ganz wichtig, sich völlig frei und nicht irgendwo hineingezwungen oder -gedrängt zu fühlen. Dann standen alle im Kreis, hielten sich an den Händen und gingen langsam um den ganzen Raum herum, bis sie schließlich die Matten umringten. Manche sanken jetzt mit geschlossenen Augen einfach darauf nieder. Andere suchten noch ein wenig, krabbelnd, nach der richtigen, bequemen Lage zwischen all den Menschen. Ich streckte mich aus und spürte neben meinem Kopf einen anderen mit Locken. Jemand schmiegte sich an meine Seite. Ich fühlte mich wohl und behaglich, auch ohne genau zu wissen, wer um mich herum war und mir dabei so nahe kam. Ich ertastete eine Hand und freute mich, dass die sich so selbstverständlich in meine legte. Ich genoss das Händchenhalten und wusste nicht mal, ob mit der Hand einer Frau oder eines Mannes. Es war einfach nur sympathisch. Jemand reichte Kissen, damit ich noch bequemer lag. Von irgendwo hörte ich ganz gleichmäßige, tiefe Atemzüge und dachte: Da schläft jemand ein. Woanders ein leises Kichern. Es wunderte mich, dass es so ruhig geworden war, nach dem wilden Tanzen. Ich wurde ruhig, lange entspannende Minuten lang.

Ganz sacht forderte die anleitende Frau auf, doch mal die eigene
Lage oder Stelle im Raum zu verändern. Ich war zu faul dazu und
drehte mich lediglich auf die andere Seite, so wie – jetzt erkannte ich
es – die Frau neben mir. Ich kannte sie nicht, aber das war mir gleich.
Schön, in ihren Armen zu liegen. Ich brauchte nichts tun.
Schließlich, nach mehr als einer Stunde und doch viel zu früh, wurde
ganz sacht das baldige Ende des Kuschelns angekündigt. Ein letztes
Mal woandershin krabbeln? Ach nein, hier war mir so wohl. Das
langsame Wieder-in-die-Realität-Zurückgleiten dauerte bei mir
etwas. Schließlich saßen wir im Kreis und jede/-r sagte noch, wie es
ihm ging. Manche ließen nichts weiter als ein seeliges Aaahhh hören.
Alle guckten ein wenig verträumt vor sich hin und lächelten einander an. Langsam löste sich der Kreis. Im Foyer gab es noch etwas zu
trinken und einige Knabbereien. Jetzt war noch mal etwas Zeit, um
miteinander zu reden, Mitfahrgelegenheiten wurden ausgemacht, Vi-
sitenkarten, Telefonnummern, E-Mail-Adressen ausgetauscht … Das
Verabschieden dauerte herzlich, herzlich lange. Und dann ging es raus
in die frisch überfrorene Vollmondnacht. Mit meiner Lebenspartnerin
fuhr ich wieder heim.

m, 46

Unsere wahre Aufgabe ist es,
glücklich zu sein.

Dalai Lama

Teil 5:

BEITRÄGE VON KUSCHEL-
TRAINER(INNE)N

Ich war damals Single und dachte mir: Kuschelparty, das hört sich gut an, da muss ich hin! Ich war ein bisschen aufgeregt – man weiß ja nicht, wen man da trifft – und ein bisschen schüchtern. Dann war es aber ein so tolles Erlebnis: Ich musste nichts tun, ich lag da, und dann kam eine Hand und hat mich gestreichelt, und ich habe jemanden gestreichelt. Und dann kam eine Frauenhand, und ich habe den Unterschied gespürt. Aber das Wichtigste ist, die Energie erhöht sich. Es geht ja nicht um Partnersuche, sondern um dieses Gemeinschaftsgefühl. Und das hat sich so erhöht, dass ich mit so einem Glücksgefühl heimgegangen bin und gesagt habe: Das muss ich machen!

Regina Hagn, Veranstalterin Tanz-und-Kuschelparty Weßling im
TopFM-Radio-Interview zum Weltknuddeltag am 21.01.2013

Vom Berühren zum Begreifen

von Marietta Schröder, Saarbrücken

Berührt werden ist existenziell notwendig, so notwendig wie essen und trinken. Kinder lernen, die Welt zu verstehen, buchstäblich indem sie die Dinge berühren, »begreifen«. Menschen, die daran Mangel litten, werden zu Erwachsenen, die sich selbst und die Welt nicht verstehen.

Die »gute« Nachricht: Man kann auch später, als Erwachsener, noch »nach-nähren« (um es mal im Psycho-Jargon zu formulieren). Es ist nie zu spät, die Verantwortung für das eigene Wohlergehen zu übernehmen und sich etwas Gutes zu tun.

Ich persönlich kam über ein wissenschaftliches Radiofeature zur »Kuschelparty«. Das Thema des Features war: Die Bedeutung des Tastsinns. Da ich aus eigener Erfahrung weiß, dass man die Welt durch »Begreifen« verstehen lernt (ich lag die ersten zwei Lebensjahre im Krankenhaus und im Kinderheim), bzw. es eben *nicht* lernt, war das Feature für mich eine Offenbarung.

Unter anderem wurde darin auch die Kuschelparty von Rosi erwähnt, und ich bin sofort an den Computer und habe recherchiert. Rosi hatte damals gerade das zweite Seminar für Kuscheltrainer angeboten, und ich bin sofort nach Berlin gefahren.

Das Seminar war auch mein erstes »Kuschelerlebnis«. Ich habe anschließend gedacht: Warum soll ich noch einmal in meinem Leben Sex haben, das ist doch viel schöner?

Dann habe ich mich in Saarbrücken direkt daran gemacht, das Ganze zu organisieren und Kuschelpartys anzubieten.

Es war wirklich ein wundervolles Erlebnis, das anzuleiten und zu erleben, wie die Menschen sich »verwandeln«. Während des »Kuschelteils« konnte ich förmlich fühlen, wie sich eine »Energieglocke« über den Kuschelteilnehmern aufbaute. Hinterher sitzen immer alle ganz glücklich da und strahlen und haben so etwas kindlich Unschuldiges. Ich habe immer gedacht: Jetzt noch jedem einen Schnuller und warm zudecken, und das Glück ist perfekt.

Mein Weg zum Kuscheltrainer

von Holger Carstens, München
www.kuschel-abend.de

Nach der Trennung von meiner Frau suchte ich nach Möglichkeiten, das Geschehene zu verstehen und zu verarbeiten. Eine Hellseherin empfahl mir, mich mit Tantra zu beschäftigen. Dabei lernte ich eine Frau kennen, die mir das Tanzstudio Freitänzer zeigte. Dort sah ich zum ersten Mal in meinem Leben Leute, die Contact Improvisation[46] tanzten, und ich sah Menschen, die nach dem Tanzen in kuscheliger Nähe einfach zusammenlagen.

Ich war fasziniert. Tief in mir spürte ich eine Sehnsucht und die Gewissheit, auf der richtigen Spur zu sein. Durch einen ausliegenden Flyer bekam ich die Informationen, wann und wo eine Kuschelparty stattfinden würde. An meine erste Kuschelparty kann ich mich leider nicht mehr erinnern, aber an das Gefühl, das sich nach einigen Besuchen bei mir einstellte: ein ganz tiefes, inneres Befriedigtsein. Und dabei war doch, rein äußerlich gesehen, fast gar nichts geschehen!

Mir wurde klar, dass ich bislang einem folgenschwerem Irrtum unterlegen war: Ich hatte mein Bedürfnis nach Nähe und Berührung durch sexuelle Interaktion befriedigen wollen! Und das funktioniert genauso wenig, wie wenn ich Durst durch Essen löschen will.

Nach einem besonders schönen Kuschelabend standen einige Teilnehmer in einem großen Kreis zusammen und umarmten sich. Ich stellte mich einem Impuls folgend dazu und genoss das Gefühl der Verbundenheit. Dann wurde ich gefragt, ob ich auch mit zum Kuscheltrainer-Treffen fahren würde. Ich antwortete: Aber ich bin doch gar kein Kuscheltrainer. Darauf sagte Janaya, die den Abend mit angeleitet hatte: Noch nicht!

---

46 Contact Improvisation ist ein Improvisationstanz, bei dem mehrere Menschen zusammen ausloten, welche Bewegungsmöglichkeiten ihre Körper ihnen bieten.

Im Nachhinein betrachtet war dies ein magischer Augenblick mit weit-reichenden Folgen. Denn bei nächster Gelegenheit flog ich nach Berlin und machte ein Kuscheltrainer-Seminar bei Rosi Döbner. Nach einer späteren Kuscheltrainer-Fortbildung ergab sich die Chance, als Co-Trainer bei einer bestehenden Veranstaltung zu beginnen. Inzwischen leite ich die Kuschel- und Begegnungsabende in München.

Schon in jungen Jahren habe ich Glück als das hervorragende Ziel meines Lebens erkannt. Aus eigener leidvoller Erfahrung weiß ich, wie wichtig zum Glücklichsein die Befriedigung unserer Grundbedürfnisse ist. Und Kuscheln, als Form der »Berührung und Nähe an sich«, ist für Rudeltiere, die wir vom Ursprung her sind, ein essenzielles Grundbedürfnis und praktisch mit nichts anderem wirklich zu ersetzen.

So gestalten wir unsere Abende einerseits als harmonische und beglückende Gelegenheit zum Kuscheln und Einander-Begegnen und andererseits als Möglichkeit, durch tief gehende Erfahrungen neue Verhaltensmöglichkeiten und Spielräume zu entdecken.

Die Kölner Kuschelparty und ich

von Shanti Eberhard Morawa, Köln
www.koelner-kuschelparty.de

Mein erster Kontakt mit dem Thema Kuscheln mit Unbekannten spielte sich 1979 und 1980 in einer 35-Menschen-Wohngemeinschaft in einer alten Fabrik in Worms ab. In einem Alternativprojekt vertrieben wir uns manche Abende im Wohnzimmer auf Matratzen mit Kuscheln, Geschichten vorlesend oder erzählend. Geborgenheit ohne oder gegen familiäre Erfahrungen ging damals über Körperkontakte und unterstütze uns, drogenfrei zu sein, zu bleiben oder zu werden. In seiner ungesteuerten und doch nährenden Art war diese Erfahrung ein wichtiger Teil meiner Lebenserfahrung.

Um meine Kindheit zu klären, besuchte ich zwischen 1980 und 1984 auch therapeutische Gruppen. In denen wurden abends, nach den oft anstrengenden körper- und atemtherapeutischen Sitzungen, durch Kuscheln in der Gruppe mit Kuscheltier und Kinderfilm, ein Teil der Bindungserfahrungen wiederhergestellt, die ich in meiner Kindheit vermisst hatte. Und die in meiner Betrachtungsweise jeder erwachsene Mensch braucht, um in dieser anforderungsreichen Gesellschaft mit heiler Haut überleben zu können.

Danach arbeitete ich als Massagebehandler und Körpertherapeut. Zeitgleich auch als Unternehmer mit einem 12-Mann-Betrieb im Bio-Bereich, später auch als Berater für Unternehmen. So konnte ich immer wieder die Unterschiede zwischen »Brauchen« und »Müssen« bei unterschiedlichsten Menschen erleben. In Gruppen, die ich leitete, kamen die Themen Nähe und Distanz immer wieder vor. Durch die Mitarbeit in einer psychosomatischen Klinik in der Nähe von Würzburg erlebte ich auch den Hintergrund des Kuschelns als therapeutisch begründetes »Medikament«.

Nach meinem Umzug nach Köln und einem Kontakt mit einem Bonner Psychotherapeuten, der geschlossene Kuschelgruppen anbot, entschloss ich mich 2005 mit 2 Freundinnen, die Kölner Kuschelparty aus der Taufe zu heben. Gleich zu Beginn veränderten wir die amerikanischen Grundregeln, schlossen Alkohol aus und versuchten, die Schutzaspekte und Vertrauensthemen in unsere Regeln mit einfließen zu lassen. Unser Schwerpunkt ist seit diesem Zeitpunkt nährende Nähe unter Menschen und weniger der Dating-Aspekt. (Auch wenn sich viele Paare auf der Kölner Kuschelparty fanden und finden.)

Seit September 2005 treffen sich in Köln Kuschellustige alle 14 Tage zur Kölner Kuschelparty. Zu den Abendveranstaltungen gesell(t)en sich als weitere experimentelle Angebote: Tageskuscheln, Kuschelkonzerte mit Live-Musik, reines Frauenkuscheln, Kuschelnacht und sonntägliches Kuschelcafé. Die Unterschiedlichkeit und spielerische Leichtigkeit in diesen Berührungsräumen ist wichtig für ein gutes, entspanntes Lebensgefühl.

Wir sind in unterschiedlichen Zusammensetzungen 4 leitende Trainer in den Veranstaltungen und freuen uns immer wieder, Menschen unterschiedlichsten Alters, Couleur und sozialen Hintergrundes zusammenzubringen, ohne dass Beruf oder Status eine Rolle spielen. Wir versuchen, eine gewisse wissenschaftliche Basis und Akzeptanz von nährenden Kontakten in der Psychotherapie und der Medizin zu verankern. Hierzu haben wir auch schon Psychologen, Psychotherapeuten und Mediziner bei wissenschaftlichen Arbeiten durch Interviews unterstützt.

Bei der Stressreduktion hilft das Kuschelhormon Oxytocin sehr, und ich stelle immer wieder fest, dass bei 40 Leuten in einem Raum kolossal viel davon abgegeben wird und eine entspannte Friedlichkeit (rein hormonell) entsteht, die viele Menschen fast brauchen, um in dieser herausfordernden Welt klarzukommen. Massage und Kuscheln sind da einfach zwei tolle, nährende Angebote. Ich betrachte eine oxytocinhaltige Atmosphäre als wesentliches Hilfsmittel für Stressreduktion und wünsche mir, dass Berührung in dieser Kultur, ob in der Kranken- und Altenpflege oder in Beziehungen, eine starke Kraft werden kann. In diesem Sinne sind Kuschelpartys/Kuschelveranstaltungen auch Impulsgeber für eine überstresste Gesellschaft.

Wie unser Gruppenkuscheln begann ...

von Barbara Denzler, Karlsruhe
www.kuschelpartie.de

Wir saßen seit Jahren regelmäßig im Kreis, um Gemeinschaft zu erproben. Neben vielen anderen geteilten Träumen sollte die Liebe über das Exklusivrecht von zwei Glücklichen hinauswachsen dürfen. Vor diesem Hintergrund drang die Botschaft »… weißt du schon das Neueste: Es gibt jetzt Kuschelpartys« innerhalb von vier Tagen dreimal zu mir durch – das war im März 2005!

An einem unserer Gruppentreffen fand Chris, es wäre langsam an der Zeit, mit unseren Ideen von Gemeinschaft auch dem Rest der Welt zu nützen. Daraufhin brach es aus mir ohne ein Minimum an Nachdenken hervor: »Dann weiß ich, was wir machen: Kuschelpartys!«, hörte ich mich also sagen.

Keine zwei Minuten später saßen Mathias links und Chris rechts von mir. Das ist eine Superidee! Wer könnte welche Kompetenzen einbringen? Wie könnte so etwas ablaufen? Und wir brauchten eine erfahrene Gruppenleitung. Und wie aus einem Mund erklang der Name von Elisabeth! Keine andere war so einfühlsam und erfahren und hatte das Herzblut, um den Menschen die vermuteten Anfangsblockaden zu nehmen, die sie ggf. noch daran hinderten, ihrem Berührungswunsch und der Liebe freien Lauf zu lassen!

Elisabeth stimmte unserem Vorhaben gleich am nächsten Tag zu – wir hatten jetzt drei innovationsbegeisterte Wasserfrauen bzw. -männer im Team, und tatsächlich fand unser erstes Arbeitstreffen bereits etwa 12 Stunden nachdem die Idee ausgesprochen wurde statt.

Wir sortierten nochmals unsere gebündelten Fähigkeiten und vergaben dementsprechend die Zuständigkeiten. Und wir stellten einen Mini-Unternehmensplan auf die Beine, der uns alle in Euphorie versetzte.

Mathias schrieb die Presse- und Webtexte, ich begann sogleich mit dem Webdesign und der Raumsuche, und Chris kümmerte sich um Marketing und Kundenpflege. Nach internen Testdurchläufen u.a. bei einer Übungsparty in Griechenland und Mathias' protokolliertem Betriebsausflug zur Kuschelparty Berlin starteten wir am 15. Mai 2005 in den Räumen des Laloba. Jeder von uns sowie einige Sympathisanten steuerten Matratzen und Decken bei, bis wir den Raum in einen Kuschelplaneten verwandelt hatten.

Wir wollten, dass unsere Gäste sich wohlfühlten, und legten uns mit allen unseren Ideen ins Zeug: Es duftete und schimmerte sanft – wir hatten den Raum in einem rot-orange-violetten Farbkonzept dekoriert, zwischendurch reichten wir Obsthäppchen und fächelten den Teilnehmern Luft zu. Und wir hatten Erfolg: Schon die erste Party war gut besucht – es gab also, wie vermutet, dieses experimentierfreudige und kuschelwütige Publikum in Karlsruhe!

Worüber wir uns übrigens heute noch freuen, obgleich die Besetzung sich inzwischen verändert hat: Volker Kalmbacher führt als erfahrener Gruppenleiter und Beziehungscoach durch den Abend, den ich organisiere und räumlich gestalte. Wir kuscheln einmal im Monat in einer Karlsruher Hebammenpraxis und haben einen Interessentenkreis über ganz Deutschland: Wir bekommen sogar regelmäßig Besuch aus Braunschweig! Kuschelpartie ist derzeit meist schon Wochen im Voraus ausgebucht, und auch der Männerreichtum, der uns die Jahre über immer wieder herausforderte, hat sich etwas ausgeglichen. Unsere Veranstaltung hat sich weiterentwickelt und ist zur anspruchsvollen, achtsamen Selbsterfahrung im Kontakt geworden – deswegen auch die Endung »ie«: Wir nennen es »Kuschelpartie«, um uns etwas vom Partytrend abzuheben und zu verdeutlichen, dass dies ein Abenteuer wie ehemals eine »Landpartie« werden könnte – das Abenteuer der Berührung.

Kuschelpartie findet seit 2005 regelmäßig in Karlsruhe statt, ist seither noch nie ausgefallen und war auch schon Programmbestandteil der Karlsruher Museumsnacht. Die Gestaltung der Kuschelabende hat sich permanent weiterentwickelt, und das Publikum ist mit zunehmender Leichtigkeit und Offenheit dabei – und mit jedem Kuschelabend zeigen uns die entspannten und zufriedenen Gesichter, dass es weitergehen sollte.

Raufen und Kuscheln
als Weg der Selbsterforschung

von Elisabeth Oppermann (Aichinger), München
www.rauf-und-kuschelparty.de

Vor dem Kuscheln habe ich das Raufen für mich entdeckt. Raufen einfach nur zum Spaß, wie Kinder gern raufen. Besonders das Raufen mit Männern war für mich interessant und heilsam. Raufen ist Körpersprache, es schafft Nähe und verrät einem viel über sich und den/die andere/-n. Nach so einer Raufparty, in der man sich ordentlich verausgabt hat, ist es sehr natürlich, dass man einfach nebeneinander liegen bleibt, um erst mal wieder zu Atem zu kommen. Die Nähe ist durch das Raufen schon vertraut, und es ist sehr leicht, sich einfach fallen zu lassen und das Zusammensein zu genießen.

Im Frühjahr 2005 hörte ich bei einem Trainer-Treffen der Rauf-Akademie München zum ersten Mal von Kuschelpartys, und mir war sofort klar, dass ich etwas mit dieser Kombination anbieten wollte. So entstanden im Herbst 2005 die ersten Rauf-und-Kuschelabende, und wie sich zeigte, füllten wir mit unserem Angebot eine Lücke.

Die Teilnehmer haben sehr unterschiedliche Beweggründe. Manche kommen einfach, weil sie nach einer anstrengenden Woche Entspannung und Stressabbau brauchen. Andere kommen bewusst, weil sie ein Defizit an Nähe und Berührung haben, das sie auffüllen möchten. Menschen, die ein Problem mit Nähe und/oder Abgrenzung haben, nutzen die Abende, um sich zu erfahren und auszuprobieren. Manche kommen nur wegen des Raufens, denn wo hat man als Erwachsener dazu Gelegenheit? So manche/-r kommt mit der Hoffnung, den Traummann/die Traumfrau dort zu finden, und es haben sich auch tatsächlich schon einige Paare bei den

Kuschelpartys gefunden. Immer wieder hören wir den Satz: Die Kuschelabende haben mein Leben verändert –, und blicken dabei in strahlende
Augen.

Ich habe nicht nur die Rauf-und-Kuschelabende geleitet, ich bin die
ersten Jahre auch gern als Teilnehmerin zu den Veranstaltungen meiner Kuscheltrainer-Kollegen (damals in Dachau und München) gegangen, um mich mit der Kuschelenergie zu füllen. Es war für mich eine
unglaublich zauberhafte Erfahrung, Nähe, Wärme und liebevolle Berührungen mit Männern auszutauschen ohne sexuellen Charakter und
sexuelle Absichten. Auch das Kuscheln mit anderen Frauen habe ich
sehr bereichernd und nährend erlebt. Die Kuschelenergie in ein Wort
gefasst: einfach selig!

Spielraum von Liebe und Absichtslosigkeit

von Smita Birgit Stehle, Leipzig
www.leipziger-kuschelparty.de

In meinen Tantramassagen, die ich in meiner Praxis in Leipzig schon seit 13 Jahren gebe, bin ich dem Menschen, den ich massiere, immer sehr nah. Ich gebe meine Berührungen aus einem Raum der bedingungslosen Liebe heraus, egal, wen ich massiere. Aus meiner Erfahrung weiß ich, dass alle Menschen Sehnsucht nach nährender Berührung haben. So war der Schritt, mit einer Gruppe von Menschen zu arbeiten und genau diese Art von Berührungen zu vermitteln, nicht sehr weit.

Meine Freundin Sabine, mit der ich jetzt seit 2 Jahren Kuschelpartys leite, musste mich anfangs dazu überreden, von unseren Vorgängern Gitta und Heiko die Kuschelparty in Leipzig zu übernehmen. Ich war nicht sofort begeistert von der Idee, da es mir in dieser Zeit meines Lebens einfach zu viel war. Aber nach dem Kuscheltrainerkurs bei Rosi, den wir beide zusammen kurz nach der Übernahme besuchten, war mein Interesse doch geweckt. Und wir stürzten uns auch gleich voll rein, denn wir leiteten eine Woche nach dem Kurs schon unsere erste erfolgreiche Kuschelparty. Unsere Freundschaft und auch ich selbst bin durch diese 2 Jahre innerlich gewachsen. Anfangs war ich sehr unsicher, wie ich mich gegenüber der Gruppe ausdrücke und welche Worte ich wähle. Da hat Sabine mehr geredet, und ich habe mir von ihr einiges abschauen können – ich habe immer viel mitgeschrieben. Inzwischen bin ich darin selbstsicherer geworden. Im Gegenzug konnte ich Sabine ein Vorbild darin sein, Langsamkeit und Ruhe auszuhalten, sodass sich die Gruppenenergie auch von selbst entwickeln kann.

Es ist einfach jedes Mal faszinierend für mich, zu beobachten, wie sich die Menschen während einer Kuschelparty verändern. Am Anfang sitzen die Teilnehmer, vor allem die, die zum ersten Mal kommen, noch etwas scheu und zurückhaltend im Kreis. Am Ende im Abschlusskreis strahlen alle Gesichter, jeder ist im Herzen berührt.

Ich finde es am wichtigsten bei einer Kuschelparty, dem Menschen zu zeigen, wie einfach es ist, Nähe und Geborgenheit zu kreieren, indem man die Berührungen absichtslos sein lässt. Wenn man die Menschen mal nicht schon vorher nur nach dem Äußeren oder dem Geschlecht aussucht, mit denen man kuscheln möchte, sondern wenn man absichtslos bleibt und sich treiben lässt, achtet man viel mehr auf sein eigenes Gefühl, und es passieren vielleicht tiefe Begegnungen, die man nicht erwartet hätte. Deshalb arbeiten wir viel mit Augenbinden. Denn für viele ist es immer wieder ein Aha-Erlebnis, zu spüren, dass es egal ist, ob man von einer Frau oder von einem Mann berührt wird. Hauptsache, die Berührung fühlt sich gut an. Durch die Augenbinde wird die Sinneswahrnehmung verlagert von Augen und Kopf in die Hände bzw. den ganzen Körper, vom Bewerten ins Fühlen. Und Fühlen berührt immer das Herz.

Auch ist es mir wichtig, die Teilnehmer daran zu erinnern, dass die Kuschelparty ein Experimentierfeld und Spielraum ist, in dem man sich selbst erforschen und ausprobieren kann und soll, z. B. wie man selbst auf Menschen zugeht oder wie man immer wieder Nähe vermeidet. Man hat die Möglichkeit, ganz bei sich selbst anzukommen, mit Ja und Nein zu experimentieren, die eigenen Impulse wahrzunehmen und ihnen zu folgen.

Einmal hatten wir eine Kuschelparty mit neun Männern und zwei Frauen. Ich hatte selbst noch nicht so viel Erfahrung im Leiten, und schon am Anfang war mir mulmig zumute, zumal zwei weitere Männer, die kamen, wegen des Männerüberschusses gleich wieder gegangen sind. In der Anfangsrunde haben wir das Thema angesprochen und vor allem die Männer dazu ermutigt, sich auf eine neue Erfahrung einzulassen und sich auszuprobieren. Manche Männer konnten sich nicht vorstellen, einen Mann zu berühren oder von einem Mann berührt zu werden. Den zwei Frauen war eher Freude anzusehen über so viel »Auswahlmöglichkeit«. Wir haben die Übungen gemacht, die wir uns vorher überlegt hatten, und letztlich waren wir selbst dann im Laufe des Abends so berührt von der Hingabe der Männer, wie sie sich eingelassen haben auf Neues, und von außen haben wir so schöne Berührungen gesehen, dass uns fast die Tränen kamen. Die Atmosphäre war so herzlich und wohlwollend. Noch heute schwärmt einer der damaligen Teilnehmer, der fast zu jeder Kuschelparty kommt, dass dies seine mit Abstand tiefste Kuschelerfahrung gewesen sei.

Für mich ist der Raum von Liebe und Absichtslosigkeit immer etwas Besonderes. Ich finde es bei jeder Kuschelparty faszinierend, wie einfach sich die Teilnehmer auf diesen Raum einlassen. Es ist jedes Mal auch für mich eine Herausforderung, den Raum zu halten, z.B. bei starkem Männerüberschuss, sehr wenigen oder vielen neuen Teilnehmern.

Für mich hat die Kuschelenergie etwas ganz Wahrhaftiges und Absichtsloses. Ich fühle mich geborgen, kann so sein, wie ich bin, fühle mich angenommen und gesehen, kann mich entspannen, mich fallen lassen, kann vertrauen und fühle mich verbunden.

Kuscheln als Selbsthilfe

von Hildegunde Schaub, Tübingen
www.wohlfuehl-kuscheln.de

Zum Kuscheln kam ich in einer psychosomatischen Klinik, in der ich nach einem Burn-out war. Dort gab es einen Raum, in dem man ganz »offiziell« kuscheln durfte – und nur kuscheln. Diesen Raum habe ich immer wieder im Vorbeigehen beäugt. Erst nach einiger Zeit traute auch ich mich, hineinzugehen, und nur mit vertrauten Personen. Dann war es aber sehr schön, wenn auch immer noch sehr ungewohnt. Aufgrund dieser Erfahrung habe ich großes Mitgefühl mit meinen Teilnehmer/-innen und finde es immer wieder mutig, wenn sich Menschen dazu entscheiden, mit Fremden zu kuscheln.

Wieder zu Hause hatte ich die Idee, Kuschelabende anzubieten, und begann auch gleich damit. Eine Freundin erzählte mir, dass es so was schon gibt. Meine Google-Suche brachte mich ganz schnell zu Rosi nach Berlin, und schon war ich zur Kuscheltrainer-Ausbildung angemeldet. Das war der Durchbruch, denn bei der Ausbildung bestätigte sich, dass das, was ich bisher schon machte, im Prinzip sehr ähnlich dem war, was Rosi uns dort vermittelte. Und sie vermittelte es einfach toll, alles gut strukturiert. Erfüllt von einer Vision kehrte ich nach Hause zurück und leitete meine Kuschelabende um einiges professioneller an.

Anfangs kamen nur wenige Leute, viele aus der Selbsthilfe-Szene. Viele sehnten sich nach dem Kuscheln und nach den nährenden Berührungen, stießen aber auch an ihre Grenzen, wo es dann für sie schwierig wurde. Wiederum war und ist es für viele ein schönes und geeignetes Lernfeld, sich auszuprobieren und einfach mal ganz andere und positive Erfahrungen zu machen und auch wieder Vertrauen zu fassen. Allmählich kamen Menschen, die einfach Lust auf Kontakt und Berührung hatten und auch ihren Spaß haben wollten, und zwar aus allen möglichen Berufssparten und jeglichen Alters.

Inzwischen läuft die Gruppe seit über 5 Jahren, und die Teilnehmerzahl wächst. Ich hatte nur ganz selten einen großen Männerüberschuss, meine Gruppen sind meist ziemlich ausgeglichen. Vielleicht liegt das auch daran, dass ich Menschen, von denen ich weiß – und oft sind das Frauen –, wie schwer es für sie ist, sich abzugrenzen oder umgekehrt anzunehmen, unterstütze und sie keine Angst zu haben brauchen, etwas tun zu müssen, was sie nicht wollen. Dies geschieht dann in einem Gespräch auf dem Sofa, das in unserem Kuschelraum steht. Ich glaube, Frauen brauchen manchmal diese Möglichkeit, um sich dann wieder auf die Matten zu trauen. Das hat schon eine Selbsterfahrungskomponente.

Für viele Menschen ist der Schritt, zum Kuschelabend zu kommen, ein riesengroßer und braucht eine ganze Portion Mut. Manche haben erzählt, dass sie meinen Flyer schon Monate lang zu Hause liegen gehabt hätten, bis sie sich letzlich getraut hatten, zu kommen. Alle aber sagten, wie leicht es dann doch gewesen sei und wie froh sie waren, gekommen zu sein. Die meisten Teilnehmer/-innen kommen über einen langen Zeitraum regelmäßig, vielleicht bis zu einem gewissen Sättigungsgrad. Ganz besonders freue ich mich, wenn Teilnehmer auch nach langer Pause gelegentlich wiederkommen.

Spielwiese für Erwachsene

von Agnes Ewerling, Greifenstein
www.oase-greifenstein.de

In der heutigen Zeit werden Waldkindergärten aufgebaut, damit Kinder wieder in der Natur spielen können, und Kuschelpartys, damit Erwachsene sich in einem geschützten Raum unter Anleitung wieder begegnen und berühren lernen. In einem Waldkindergarten erleben die Kinder eine »Spielwiese«, auf der sie in Freiheit und Leichtigkeit der Neugierde folgen können.

Kuschelpartys schaffen in dieser beziehungslosen, computergesteuerten Singlewelt eine wunderbare Möglichkeit für menschliche Kontakte, beugen der Vereinsamung vor und sorgen für Gesundheit und Harmonie. Gemeinsam tanzen, spielen, sich anlehnen, gemeinsam entspannen und sich selbst und die anderen spüren, ohne Worte, aber auch ohne Unsicherheiten und Ängste. Ich kann meine Grenzen erfahren, Grenzen setzen, auch wenn ich Angst habe, jemanden zu verletzen, lernen, Nein zu sagen oder auch etwas Neues ausprobieren. Die Veranstaltung ist eine wunderbare große Spielwiese, wo ich wie ein Kind neugierig tastend mich ankuscheln oder auch raufen, andere achtsam berühren, mich berühren lassen, genießen oder weiterforschen kann.

Der Rahmen der Kuschelparty bietet die Möglichkeit, viele Erfahrungen zu sammeln mit Nähe und Distanz. Jeder fühlt sich anders an und reagiert anders auf mich, alle Sinne sind hellwach und doch entspannt. Ich bin frei, aus der Fülle zu wählen und das zu finden, was mir guttut! Auf einer Kuschelparty hole ich Erfahrungen nach, die mir als Kind gefehlt haben. Dies ist eine große Chance, wieder beziehungsfähig zu werden.

Ich bin sehr dankbar für diesen begleiteten und geschützten Raum, die schöne Musik und für die vielen Menschen, die sehr ähnliche Bedürfnisse haben wie ich!

Zwei Jahre habe ich selbst in meinem Seminarhaus Oase Greifenstein Kuschelpartys angeleitet. Zurzeit mache ich eine Pause, bis ich selbst wieder
genug gekuschelt habe – dann gibt es auch im Westerwald, in Greifenstein, wieder Kuschelpartys.

Meine persönlichen Erfahrungen

von Bodhi Anjali, Dresden
www.osho-meditation-dresden.de

In unserem Dresdner Zentrum fingen wir 2007 mit Kuschelpartys an. Ich
war immer auf der Suche nach neuen Erfahrungen und neuen Angeboten, hatte aber auch früher in vielen Osho-Selbsterfahrungsgruppen
reichlich Erfahrungen mit Kuschelenergie gemacht. Also tat ich mich mit
Navyo aus meiner Kommune zusammen, der auch immer für Experimente zu haben war, und wir hatten beim ersten Abend gleich 20 Teilnehmer.

Es war immer wieder wie ein kleines Wunder, wie der Abend seinen Lauf
nahm, und wenn wir am Anfang dachten, das wird heute nichts, war es
doch immer schön, auch, wenn manchmal nur 6 Teilnehmer kamen. Da
wir selbst aus der Meditationsrichtung kamen, hatten unsere Abende
auch immer diesen Touch. Es war also weniger mit Partycharakter, sondern eher wie eine Bewusstwerdungs- und Selbsterfahrungsgruppe. Ich
mochte das und es hatte dadurch auch oft eine schöne, erfüllende Tiefe
neben der nährenden Energie des Kuschelns.

Was mich besonders berührte, war, als ein Mann in der Endrunde sagte,
er hätte gemerkt, was für ein grober Klotz er sei. Es war ohne Selbstver-ur-
teilung, ganz offen und ehrlich. Ich wette, er war nie wieder der gleiche
grobe Klotz wie vielleicht an dem Abend.

Manchmal haben Menschen gedacht, sie könnten sich den Kuschelabend sparen, und haben versucht, private Kuschelverabredungen zu treffen. Aber soviel ich gehört habe, waren dann immer zu viele persönliche Erwartungen dabei, und dadurch ging die »Magie« verloren.

Einmal kam eine ganze Gruppe vom Single-Treff. Sie wollten einen besonderen Gruppenausflug machen, aber sie haben nichts kapiert von dem, worum es ging. Das war vielleicht mein schwierigster Abend. Es war eine kindisch-kicherige Atmosphäre mit der ständigen Suche nach einer sexuellen Verbindung.

Wenn etwas an den Abenden schwierig war, war es doch auch immer wieder das: Menschen kamen und haben erst mal überprüft, wie viele Männer und wie viele Frauen da waren. Und wenn die Männer in der Überzahl waren, sind andere Männer manchmal wieder gegangen, aus lauter Angst, sie müssten mit einem anderen Mann kuscheln.

Ich habe mal einen anderen Kuschelabend besucht, für den die Organisatoren auch unter Kontaktanzeigen inseriert hatten. Auch hier war eine immense Erwartung zu spüren und dementsprechend am Ende auch die Enttäuschung, wieder nicht den/die Richtige/-n gefunden zu haben. Ich glaube, dieses Muster sitzt einfach sehr tief in uns.

Später hörte Navyo aus Zeitgründen auf, und Sajeela (eine Super-Kuschlerin) kam hinzu. Sie fuhr sogar zum Kuschelleitertreffen, von wo sie das Raufkuscheln mitbrachte. Das war eine fast noch bessere Variante, und ich habe selten so viel gelacht.

Für mich ist diese Kuschelenergie ein Ergebnis von einem respektvollen Raum, in dem jeder er selbst sein darf, im Spiegel anderer Menschen. Die Freude über dieses Selbst-sein-Dürfen öffnet so sehr das Herz, dass man einfach teilen möchte – egal, wie alt, jung, schön oder hässlich das Gegenüber ist. Das Geheimnis ist, dass in dieser Energie jeder schön ist.

Kuscheln nur für Frauen

von Hilke Schellenberg, Frankfurt
www.wohlfühl-zeit.de

Ich bin seit Sommer 2009 Kuscheltrainerin in Frankfurt und leite seit Januar 2012 Wohlfühl-und-Kuschelabende für Frauen.

Auf meiner ersten Kuschelparty bei Rosi war ich im Herbst 2007, und damals konnte ich mir überhaupt nicht vorstellen, mit fremden Menschen zu kuscheln. Meine Neugier und der Wunsch nach Nähe und Berührung waren jedoch größer, und so ließ ich mich darauf ein. Und hatte einen wundervollen Abend mit einem sehr heilsamen Kuschelerlebnis mit zwei – mir bald nicht mehr fremden – Menschen, einer Frau und einem Mann. Ich fühlte mich so geborgen wie schon lange nicht mehr und hatte hinterher das Gefühl, dass gerade etwas in mir Heilung erfahren hatte. Einige Monate später war ich »kuschelsüchtig«, und ich gehe seitdem regelmäßig zu Rosis Kuschelpartys und kann mir einen Alltag ohne diese wunderschönen Abende nicht mehr vorstellen.

In den anderthalb Jahren, bevor ich die Kuscheltrainerausbildung machte, lernte ich bei Rosis Kuschelabenden vor allem, meine Wünsche und Bedürfnisse bzgl. Berührung wahrzunehmen, sie ernstzunehmen und sie schließlich in Worte oder Gesten zu fassen und zu äußern. Genauso lernte ich meine Grenzen besser kennen, und zwar auf einer viel emotionaleren und tiefer gehenden Ebene als bisher, und danach zu handeln – nicht nur beim Kuscheln, sondern auch in anderen, ganz alltäglichen Situationen. Diese innere Entwicklung, die auch Einfluss auf mein Verhalten nach außen hatte, war für mich eine sehr wichtige Erfahrung, und als Rosi ihre Kuscheltrainer-Ausbildung 2009 in Frankfurt anbot, war es für mich völlig klar, dass ich sie machen würde. Ich bin nebenberuflich Entspannungspädagogin und habe den Wunsch, Menschen über die Entspannung und das Im-Hier-und-Jetzt-Sein in die Veränderung zu begleiten und sie dabei zu unterstützen. Das Kuscheln ist eine sehr schöne Möglichkeit, Veränderungen anzustoßen, denn hier lösen sich Blockaden ganz sanft und fast unmerklich, sodass sich manchmal ganz mühelos etwas verändert.

Doch das war mir damals noch nicht bewusst, damals hat mich eher der Wunsch, Menschen etwas zu geben, was mir selbst sehr guttat, zur Kuscheltrainerausbildung motiviert. Ich wusste, dass ich es dann auch mit Hingabe und Liebe weitergeben konnte. Es war gerade der richtige Moment, diese Ausbildung zu machen, denn das Wochenende hat mich auch persönlich weitergebracht. In diesem Sommer war ich mit der Auflösung eines uralten Traumas beschäftigt. Das Ausbildungswochenende hat mir dabei sehr geholfen – es hat etwas in mir weicher gemacht, mich geöffnet für den Schmerz und mir gleichzeitig Geborgenheit gegeben und Vertrauen vermittelt. So konnte ich alte Krusten aufbrechen und Verletzungen loslassen. Das Kuscheln, die Achtsamkeit, die absichtslosen Berührungen, die Kuschelenergie … all das hat mich damals sehr bei meiner Heilung unterstützt.

Bis Anfang 2012 habe ich nur sehr selten einen Kuschelabend angeboten, eher im kleineren, manchmal privaten Rahmen und ganz spontan. Ich hegte bereits seit 2009 die Idee, Kuschelabende für Frauen anzubieten, um Frauen, die aus den unterschiedlichsten Gründen lieber ausschließlich mit Frauen kuscheln möchten, den Raum dafür zu geben.
Auf einer Kuschelparty von Rosi im November 2011 traf ich Irene wieder, eine Ausbildungskollegin, die bereits in Oberursel »Frauenkuscheln« angeboten hatte, und wir beschlossen, im Januar 2012 damit in Frankfurt zu beginnen.

Zum ersten Termin kamen acht Frauen, es war ein unvergesslicher Abend. Beim zweiten waren es schon neun. Nun dachte ich, es kämen von Termin zu Termin immer mehr Frauen, doch ich täuschte mich. Zum dritten Termin kamen zwei Frauen, und Irene und ich mussten mitkuscheln. Ein wundervoller Abend! Seit April 2012 leite ich die Abende allein und bitte um vorherige Anmeldung, denn die Gruppen sind nach wie vor sehr klein (4 bis 8 Frauen). Gerade das macht meine Kuschelabende jedoch zu ganz besonderen Abenden, denn die Atmosphäre ist von Achtsamkeit, Behutsamkeit und liebevoller Aufmerksamkeit geprägt, wie ich es von großen, gemischten Kuschelabenden nicht kenne. Einfach schön, eine tolle, wundervolle Energie, die mich immer wieder sehr glücklich macht.

Warum »nur« für Frauen, mag jetzt die eine oder der andere fragen. Zum einen, weil ich selbst manchmal das Bedürfnis habe, ausschließlich mit Frauen zu kuscheln, denn die Energie, die Dynamik in der Gruppe, die Behutsamkeit im Umgang miteinander, all das ist einfach anders als in gemischten Gruppen. Es gibt viele Frauen, die sich Kuschelabende mit Frauen und Männern nicht vorstellen können und froh sind, dass es das »Frauenkuscheln« jetzt in Frankfurt gibt. Diesen Frauen möchte ich die Möglichkeit geben, Kuschelabende so zu erfahren, wie sie es sich wünschen.
Zum anderen, weil ich Frauen, die Probleme mit dem Thema »Berührung«, mit Nähe und Körperkontakt haben, hier einen Raum geben möchte, ihre Blockaden, Ängste oder ähnliches zu überwinden, um Berührungen und körperliche Nähe wieder als etwas Schönes erfahren zu können.

»Da kommen doch sicherlich nur Lesben!«, mag auch ein Gedanke der geneigten Leserin sein. Nein, kann ich da nur antworten. Und wenn, dann wäre es völlig unwichtig. Denn beim »Frauenkuscheln« spielt die sexuelle Orientierung keine Rolle, hier geht es nicht um Erotik oder um sexuelle Identität. Zu meinen Kuschelabenden kommen heterosexuelle wie lesbische oder bisexuelle Frauen, denn alle haben das Bedürfnis nach absichtsloser Berührung und Nähe, die sie hier finden. Ich finde es schön, zu sehen, wie sich die Frauen entspannen.

Es ist eine wundervolle Arbeit – eine Arbeit, die Sinn hat, mir Spaß macht, mich sehr glücklich macht.

Ihre Hände sind
die Verlängerung Ihres Herzens!

von Claudia Tappeser, Berlin

Eine Zeit lang habe ich in mich hineingefühlt, welche der vielen wertvollen Aspekte des Kuschelns und der Kuschelabende für Sie besonders interessant sein könnten. Und es ist mir dazu als Erstes eine von mir ins Leben gerufene »Free-Hugs-Aktion«[47] in den Sinn gekommen, eine Umarmungsaktion, die ich vor einigen Jahren mit Kolleginnen in der Nähe des Kudamms in der Berliner City veranstaltet habe. Unser Wirken hat zum Weltgesundheitstag auf dem großen Platz vor der Berliner Gedächtniskirche stattgefunden. Dort gingen wir die Straße auf und ab mit einem selbst bemalten Karton in den Händen mit der Aufschrift: »Free Hugs – freie Umarmung!« Im praktischen Tun wollten wir aufzeigen, dass herzlicher Körperkontakt überall möglich ist, dass dieser die Stimmung aufhellt und zur Gesundheit beiträgt. Die Reaktionen der Passanten waren sehr unterschiedlich: von »Kostet das was?«, »Das ist etwas ungewohnt, so mitten auf der Straße!« über »Was wollen Sie von mir?« bis hin zu »Gern … das ist ja eine tolle Überraschung! Können wir noch mal?«

Meine Kolleginnen und ich haben nach 3 Stunden ein deutlich positives Resümee gezogen. Und … uns ging es super, super gut. Wir fühlten uns während der ganzen Aktion beglückt! Wir sind durch das Umarmen fremden Menschen körperlich und emotional näher gekommen und haben dankbare, glückliche und ab und zu auch zu Tränen gerührte Menschenseelen erlebt.

---

47 Die »Free Hugs«-Bewegung wurde 2004 von dem Australier Juan Mann begründet. Die Idee besteht darin, dass Menschen auf öffentlichen Plätzen freie, d.h. kostenlose Umarmungen anbieten. Weltweit bekannt wurde diese Bewegung durch ein von Shimon Moore produziertes Video auf youtube.

Besonders offen für Berührung waren ausländische Besucher, die als Touristen in Berlin zum Einkaufen oder Sightseeing auf Entdeckungsreise waren. Natürlich haben wir überlegt, woran das wohl liegen kann. Klar, eine andere Kultur und ein anderes kulturelles Miteinander können schon ein Grund sein. Meine persönliche Erfahrung bei einer von mir besuchten Kuschelparty war, dass gerade die ausländischen Teilnehmer mit dafür gesorgt haben, dass die Atmosphäre sich in Harmonie und Herzlichkeit verwandelte. Die Art und Weise, wie die Umarmungen und Berührungen über die Grenzen unserer Worte hinaus Gefühl und Emotion widerspiegelten, war wirklich wundervoll mitzuerleben.

Unsere eigene Ausstrahlung beim Umarmen? Die haben wir besonders an den Reaktionen von kleinen Kindern ablesen dürfen – die sind von Natur aus ehrlich. Sie liebten unsere Aktion. Das, was die Kinder mögen und was sie brauchen, um mit einem geborgenen, geliebten Gefühl heranzuwachsen, ist Menschlichkeit und Kuscheln. Da stellt sich doch die Frage, ob dieser Wunsch erfüllt wurde, als wir Kinder waren. Und es wird klar, dass man bei einem Kuschelabend wie ein Kind Geborgenheit und Streicheleinheiten genießen kann.

Eine ganz besondere Begegnung auf einer von mir besuchten Kuschelparty war die mit einem Pfarrer, der zehn Minuten nach dem offiziellen Beginn hereinhuschte mit den begrüßenden Worten: »Verzeihen Sie meine Verspätung, meine heutige Messe dauerte etwas länger und daher …!« Sie lächeln jetzt? Auch mir huscht, wenn ich an seine Worte zurückdenke, ein breites Lächeln über das Gesicht. Wenn schon ein Pfarrer bei einem Kuschelabend dabei ist, dachte ich damals bei mir, dann ist unsere Gesellschaft immer mehr auf einem Weg, ehrlich zu den eigenen Gefühlen und Bedürfnissen zu stehen und diese auch nach außen zu kommunizieren und zu leben.[48]

---

48 Leider konnte der Autor keine/-n der ihm persönlich bekannten Geistlichen unter den Kuschelparty-Gästen dazu bewegen, ganz offiziell einen Beitrag mit seiner/ihrer Sicht zu diesem Buch beizusteuern. Das wollte dann doch keine/-r sich selbst und seiner/ihrer Gemeinde zumuten. Auch von buddhistischer Seite kam wegen Zeitmangels leider kein Beitrag zustande. Die Entstehung dieses Buches wurde aber von Vertretern mehrerer Glaubensrichtungen aktiv durch Rat und Tat unterstützt. Hierfür an dieser Stelle herzlichen Dank.

Im Experimentierraum der Kuschelpartys haben Sie die Möglichkeit, tiefe Verbundenheit mit Männern und Frauen, die Sie vorher noch nicht kannten, zu fühlen. Am leichtesten ist es meist mit uns nahestehenden Menschen. Diese Erfahrung habe auch ich gemacht, als ich mit einer Freundin das erste Mal auf eine Kuschelparty ging.[49] Und daher kann ich aus eigener Erfahrung sagen, dass es besonders schön und öffnend ist, neue Erlebnisse bewusst einzuladen, um neue neuronale Bahnen im Gehirn zu erkunden und mit positiven Erlebnissen auszubauen und abzuspeichern. Dieser Einladung bin ich irgendwann einmal nachgegangen, um überrascht zu werden. Überrascht von dem Gefühl von bedingungsloser Liebe, das am Ende des Kuschelns den gesamten Raum und mein Herz erfüllt hat. In meiner Welt ist eine starke Verbundenheit aller Dinge mit dem Gleichnis »Gott ist Liebe« erfahrbar. Diese Liebe ist immer vorhanden und die Grundlage meiner Berufung als Heilerin und Seherin. Daher habe ich mich persönlich gefreut, dass Menschen, die einen offiziellen guten Draht zum »Herrgott« haben, regelmäßige Teilnehmer von Kuschelpartys sind.

Das oftmals erlebte Gefühl der Isolation kann mit einer Wolke am Himmel verglichen werden. Diese Wolke verdeckt manchmal die Sonne, die jedoch immer da ist. Kuschelige, verbundene Momente mit sich selbst und anderen Wegbegleiter/-innen lege ich Ihnen ans Herz. Dass die Sonne mit ihren hellen Strahlen mehr und mehr durch die Wolken scheint, um genau dieses Herz auf einer Kuschelparty zu erwärmen: Ihr Herz!

---

49 Über diesen ersten Besuch einer Kuschelparty schrieb Claudia Tappeser einen Bericht in der Zeitschrift »Connection«. Sie finden ihn im Kapitel »Heute schon gekuschelt?«.

Ist kuscheln integral oder bloß präverbal?

von Susanya Manz, München

Die integrale Theorie von Ken Wilber befasst sich mit der Zusammenführung von Philosophie, Wissenschaft und Religion, von Mystik und moderner Forschung. Sie will die Stärken und Schwächen verschiedener weltanschaulicher Richtungen aufzeigen und einen theoretischen Rahmen bieten, in dem verschiedene Traditionen Platz haben. Die integrale Lebenspraxis ermutigt jeden, sich der eigenen Entwicklung zu widmen und sich hierfür aus der Vielfalt von Therapien, Methoden und Weltsichten ein eigenes Programm zusammenzustellen. Der folgende Beitrag stammt von Susanya Manz, Kuscheltrainerin und von 2006 bis 2013 Veranstalterin des Integralen Salons in München. Ein Interview mit ihr finden Sie im Kapitel »Interview mit einer Kuscheltrainerin«.

Wenn Menschen, Frauen und Männer, zusammenkommen, berühren sich Körper. Auf eine bestimmte Weise ist es eine Regression, eine Rückführung im Dienste des Ichs. Es geht dabei nicht um willkürliche Grenzaufhebung. Im Gegenteil: Klare Spielregeln setzen den Rahmen, garantieren Sicherheit und fordern autonome Selbstverantwortung. Das menschliche Wesen kann sich als Kind erleben, als Ich im Mittelpunkt des Universums. Die egozentrische Stufe einzunehmen kann bedeuten, im Urvertrauen des Gehaltenseins, des wiegenden Atems, der Entgrenzung von Körper, Zeit und Raum aufzugehen, eine Zustandserfahrung von Glückseligkeit, Wonne, Freude zu erleben. Je nach Entwicklungslinie entsteht im eigenen Innenraum ein Gedicht, ein Lied, oder es taucht eine Erinnerung auf, die in den Körperzellen gespeichert ist – ein Duft, ein Klang, eine Berührung, eine Bewegung.

Kuscheln führt uns in diese Art Miteinander-Verwobensein als ein Organismus. Friedvolle Stille, Gedankenfreiheit, schwebendes Gewahrsein oder aber Spannungsaufbau bis hin zur Panik können auftreten. Nicht jedes

Wesen ist liebevoll willkommen geheißen worden und hat Körperlichkeit als sicher und spielerisch erlebt. Das Setting mit gesichertem Rahmen ermöglicht eine Nachreifephase. Die Spannung zu regulieren, unterscheiden zu lernen zwischen sexueller Erregung als reaktivem Selbstläufer, als Ausweichmanöver oder als freies Spiel der Grundenergien, ist eine Herausforderung zu achtsamer Selbstwahrnehmung.

Als ethnozentrische Wesen wollen wir dazugehören. Wir sind Bindungswesen, die in Beziehungskulturen Freiräume schaffen und Verbindlichkeiten aushandeln. In unserer Leistungsgesellschaft ist das in unterschiedlichem Maße mit Aktionismus und Selbstdarstellung verbunden. Bei einer Kuschelparty sind wir ebenbürtig, wir einigen uns auf ein wohlwollendes, friedliches, entspannendes Miteinander. Quasi eine horizontale Biergartenkultur.

Als verkörperte Wesen sind wir zugangsberechtigt. Wir als Menschheit erinnern uns wechselseitig verstärkend daran, dass Trost, Fürsorge, Zärtlichkeit und Hilfsbereitschaft Grundrechte sind, die zur fühlbaren Würde des Einzelnen gehören. Wenn unsere Bewusstseine als wir alle, als Ganzes mit eigenständigen Individuen, sich einschwingen aufeinander, werden wir mit unseren Werten konfrontiert. Sind wir so sensibel, wie wir denken? Verfangen wir uns in unseren Vorurteilen und Annahmen?

Wenn wir Maslows Bedürfnispyramide[50] zum Ausgangspunkt nehmen, gewährt das Kuscheln die Erfüllung körperlicher Bedürfnisse, von Sicherheit und Geborgenheit und von Zugehörigkeit als Mitglied der »Kuschelgemeinde«. Das Bedürfnis nach Selbstachtung fordert mich auf, mir über mein Täter-Opfer-Verhältnis im Inneren wie im Äußeren Rechenschaft abzulegen. Ebenso wie das Thema Selbstwert mich auffordert, wahrhaftig zu sein, wenn ich mich plötzlich außerhalb finde, allein: Keiner mag mit mir kuscheln? Wenn ich weiterschreite zur Selbstverwirklichung, bin ich

---

50 siehe hierzu S. 121 f.

dann forsch und einfühlsam genug, mich zu inszenieren und darin dem Gegenüber einen Spielraum aufzumachen? Kann ich zu mir, in das Offene in mir einladen? Bin ich flexibel genug, zu gehen, wenn ich will? Verfange ich mich in Mitleidsschleifen? Wie hoch ist der Konformitätszwang? Wage ich, mich zu zeigen, in jedweder Form? Wo ist der innere Zensor? Genüge ich, wie ich bin? Ist mein spielerischer Impuls echt, leicht und einladend? Fühle ich mich schon durch mein Dasein als zu viel, und mache mich kleiner oder größer, als ich bin? Kann ich Angst spüren und von Aufregung unterscheiden? Kann ich um Hilfe bitten, Trost spenden?

Intimität ist der Mut, berührbar zu sein. Da erwachsene Menschen aufeinandertreffen, ist Eros immer im Gepäck, ebenso wie der wertende Verstand. »Wenn ihr nicht werdet wie die Kinder, werdet ihr nicht ins Himmelreich gelangen.«

Wir leben in einer Welt, in der Kinderpornografie, sexuelle Gewalt, militärische Gewalt und stigmatisierende Gewalt (gegen Andersartige) an der Tagesordnung sind. Bilder und Informationen haben ihren Platz in unseren Erinnerungen, bilden die Grundlage für die reaktiven Muster, die uns von innen überwältigen können. Kuschelszenarien können ein erlebbares Paradies sein, jenseits von Schuld und Scham, in Unschuld und Spiel. Wichtig ist, die Schwellen bewusst zu passieren. Sich selbst auch geistig zu reinigen, zu entschleunigen, zu vergegenwärtigen beim Eintritt in diese Oase der Selbstbestimmtheit.

So, wie es in der Sexualität ein gestörtes Verhältnis zur Spiritualität gibt – ein patriarchal, vom Herrschaftsanspruch zersetztes Für und Wider –, gibt es in den Zustandserfahrungen die Verwechslung von Dissoziation (Einnehmen der Meta-Position) und Absencing (Abwesendsein), ein unterkühlter Intellektualismus, der vorgaukelt, objektive Wahrheit und nüchterne Klarheit beizusteuern.

Provokant gesprochen, könnte man die Kuschelarbeit auch als aktive Friedensarbeit beschreiben. Statt horizontal dem Tod geweiht oder dem horizontalen Gewerbe »geopfert« ist sie eine Auferstehungsplattform geteilter Geschwisterlichkeit.

Die Kuschelinseln sind Überbleibsel matriarchaler Kulturen und Lichtleibinseln für alle, die sich nicht in die Schlacht der Geschlechter, des Gut und Böse begeben wollen. Wiegen und Geburtsstätten für eine liebevolle Art und Weise, gemeinsam zur Ruhe zu kommen. Ohne Umwege über orgastische Hochleistungen. Quasi ein Bypass in das Nirwana schlichten Verkörpertseins.

Kuschelabende mit Fremden: innere und äußere Friedensarbeit

von LuciAnna Braendle, Winterthur/Zürich
www.zeitzumkuscheln.ch

»Ich bin zufrieden.« – »Ich fühle Frieden in mir.« – »In mir ist alles ganz ruhig.« Solche Rückmeldungen und die leuchtenden, friedlichen Gesichter am Ende eines Kuschelabends zeigen mir immer wieder, dass Kuscheln Friedensarbeit ist.

Seit über drei Jahren gestalte und leite ich gemeinsam mit Bernhard Bäumle Kuschelabende und Kuschelsonntage in Zürich und Winterthur. Neu bieten wir für fortgeschrittene Kuschler/-innen auch Abende mit anschließender Kuschelübernachtung an – natürlich gelten die Kuschelregeln auch in der Nacht. Das Übernachten im Kuschelhaufen ist eine Erfahrung, durch die die Teilnehmenden das Gefühl von Geborgenheit, Zugehörig-

keit und Gemeinschaft noch stärker erleben können. Zitat einer Teilnehmerin: »Es war so schön, alle die verschiedenen Geräusche der Menschen
zu hören. Es hat in mir ein tiefes Gefühl von Aufgehobensein ausgelöst.«

Meine eigene Begeisterung für das Kuscheln und Erzählungen über die
Kuschelpartys in New York und Deutschland haben mich zu dieser Arbeit
geführt. Dass ich Bernhard getroffen habe, der mit derselben Begeisterung unterwegs war, ist ein Glücksfall. Immer wieder merke ich, dass
unsere Zusammenarbeit als Mann und Frau für die Gruppe und die Atmosphäre im Raum ganz wichtig ist. Durch unseren eigenen sorgsamen,
liebevollen Umgang miteinander und den Respekt füreinander strahlen
wir eine Energie aus, die ansteckt. Männer wie Frauen können sich in uns
spiegeln und fühlen sich abgeholt.

Schon zu Beginn meiner Karriere als Kuscheltrainerin im Herbst 2009 war
ich eine leidenschaftliche Kuschlerin. Mit wenig Berührung aufgewach-
sen, habe ich als Erwachsene immer wieder Menschen und Orte gesucht
und gefunden, bei denen Nähe auf eine sorgsame und absichtslose Weise gelebt wurde. Es hat mich von Anfang an begeistert und beflügelt, als
Kuscheltrainerin diese Art von Berührung für viele zugänglich zu machen.

Was aber dadurch mit mir geschehen würde, konnte ich nicht vorausse-
hen. Für mich ist Kuscheln mittlerweile ein so selbstverständlicher Teil
meines Lebens geworden, dass ich aus dem Moment heraus mit (fast) allen Menschen und fast überall kuscheln könnte.
Außerdem bin ich zur Gewissheit gelangt, dass Kuscheln eine äußerst
heilsame Wirkung hat. Dies bestätigen nicht nur die gelesenen For-
schungsberichte, sondern vor allem meine ganz persönlichen Erfahrungen während der Kuschelabende. Wenn ich am Rand des Kuschelhaufens
sitze und die friedvolle Energie von all den Menschen auf mich wirken lasse, wenn ich nicht mehr ausmachen kann, zu wem welches Bein gehört
oder wo ein Körper aufhört und der andere anfängt, dann regt sich in mir
eine uralte Erinnerung:

Es ist die Erinnerung an eine Zeit, in der Menschen noch nicht in festen, geheizten Häusern wohnten. Sie wohnten in Hütten oder Höhlen und waren für Schutz und Wärme aufeinander angewiesen. Hätten sie nicht in der körperlichen Nähe von anderen schlafen können, wären sie mit großer Wahrscheinlichkeit erfroren oder von wilden Tieren angegriffen worden. Ich bin überzeugt, dass diese Erinnerung noch immer in unseren Genen, in unseren Zellen gespeichert ist. Deshalb bringt uns Kuscheln mit anderen Menschen und vor allem in einer Gruppe von Menschen überraschend schnell in ein Gefühl von Sicherheit, Geborgenheit und Zugehörigkeit. Und damit verbunden in eine tiefe Entspannung, die heilend auf physisches und psychisches Ungleichgewicht wirken kann. Beim Kuscheln fallen die üblichen Wertungen über andere Menschen (attraktiv, uninteressant, alt, schön, abstoßend …) von uns ab. Es schafft einen Ort ohne Zeit, ohne Absicht, ohne Ziel.

Gerade in der heutigen Zeit, in der alles ausgerichtet, zielorientiert und immer noch schneller sein muss, ist eine solche Oase eine Wohltat für Körper, Geist und Seele. Wir leben in Single-Haushalten und kaufen übers Internet ein. Die Gesellschaft wird dadurch immer berührungsärmer. Es gab vor Jahrzehnten Experimente, in denen nachgewiesen wurde, dass Babys nicht überleben können ohne Berührung. Ich bin überzeugt, dass das auch mit uns Erwachsenen passiert: Wir sterben zwar nicht körperlich, weil wir als Erwachsene viele Kompensationsmöglichkeiten haben. Aber ein Teil von uns stirbt ab, wenn wir keine oder zu wenig Berührung bekommen.

Und damit komme ich nochmals zurück auf die Friedensarbeit: Wenn ich in die zufriedenen, entspannten und zeitlos präsenten Gesichter der Schlussrunde schaue, dann spüre ich es jedesmal, wie die Menschen das Geschenk dieser archaischen Nähe zu anderen Menschen mitnehmen. Und wie sie diese liebevolle Kuschel-Friedensenergie zu ihren Kindern, ihren Freundinnen und Partnern, in ihre Arbeit und an andere Orte tragen.

Und wenn ich ganz verwegen werde mit meinen Visionen, dann stelle ich mir vor, was passieren würde, wenn mächtige Menschen, die weittragende Entscheidungen fällen, zuerst mit ihren Verhandlungspartner(inne)n kuscheln und gemeinsam entspannen könnten. Wenn sie ihnen gegenübersitzen, in ihre Augen schauen und mit liebevollem Respekt ihre Wange streicheln würden …

Eine Kuschelgeschichte

von Bernhard Bäumle, Winterthur/Zürich
www.zeitzumkuscheln.ch

In meiner Kindheit habe ich sonntags gern und lang im großen Familienbett zusammen mit meinen Eltern und meinen zwei Geschwistern gekuschelt. Viele Jahre später studierte ich Informatik und verhielt mich in der Gesellschaft so wie alle anderen – mit Küsschen zur Begrüßung und zum Abschied. Mehr Berührung gab es nicht, außer natürlich mit der Freundin. Nach zwei Jahren Yoga und Teamsport wurde mir klar, dass mein Wunsch nach Gemeinschaft und nach Zugehörigkeit zu einer Gruppe damit nicht gestillt wurde, sondern dass ich mehr körperliche Nähe zu Menschen suchte. Dann habe ich eine ganze Reihe von Kursen besucht: Atem-, Bewegungs-, Tanz- und Meditationsgruppen. Doch die wunderschönen, herzlichen und innigen Umarmungen, die mich so sehr beglückten, entstanden in der Regel erst am Schluss zum Abschied.

In einem weiteren Kurs ging es darum, die eigenen Grenzen besser wahrzunehmen. Bereits am ersten Tag gingen wir mit verschlossenen Augen tastend aufeinander zu. Da stellte ich fest, dass sich für mich 90 % der Berührungen angenehm anfühlten, auch wenn ich die Personen nicht kannte. Ich musste auch nicht wissen, wer mir da gegenüberstand, denn mein Körper »wusste« in jedem Moment, ob ich eine Berührung wollte oder nicht.

Eines Tages bin ich dann über das Stichwort »Kuschelparty« gestolpert und habe sogleich im Internet gesucht. Drei Wochen später war ich bereits in der Kuscheltrainerausbildung in Berlin. Mir wurde sehr schnell klar, dass ich diesen nährenden und sicheren Rahmen von Kuschelabenden in der Schweiz anbieten möchte, um diese Erfahrung, nach der ich so lange gesucht hatte, auch anderen Menschen zu ermöglichen.

Nach vielen Jahren unterschiedlichster Kuschelerfahrung und nach über 40 angeleiteten Kuschelabenden ist meine Faszination für das Kuscheln und die damit verbundenen Phänomene ungemindert.

Das Phänomen der Kuschelharmonisierung zum Beispiel erlebe ich jedes Mal, wenn ich mich mit meiner Kuscheltrainerkollegin LuciAnna Braendle treffe, um einen Abend zu planen oder zu leiten. Nach dem Small Talk, aber noch vor der Arbeit kuscheln wir für 5–10 Minuten miteinander. Wir haben dann deutlich weniger Meinungsverschiedenheiten und Missverständnisse und arbeiten schlicht harmonischer miteinander. Für uns ist offensichtlich, dass unsere Körper, unsere Nervensysteme und unser Denken sich während des Kuschelns entspannen und aufeinander einschwingen. So lässt es sich dann viel effizienter und entspannter zusammen planen und leiten. Vieles muss gar nicht mehr explizit abgesprochen werden, weil wir schon »auf derselben Frequenz schwingen«.

Ein weiteres Phänomen ist die Entspannung beim Kuscheln. Manche Menschen sind angespannt und unruhig, wenn sie anderen Menschen körperlich näherkommen. Sie geraten in Stress und in einen Leistungsdruck, die Situation der Nähe zu meistern. An unseren Kuschelabenden beginnen wir mit verschiedenen Wahrnehmungsübungen. Die Teilnehmer merken dabei schnell, dass es nicht darum geht, die Übungen möglichst gut zu machen, sondern sich dabei zu erleben. In dieser wertfreien Atmosphäre können sie einfach in die entspannte Kuschelenergie eintauchen. Auf Menschen zugehen und auch wieder weggehen dürfen und schließlich entspannt in einem Kuschelhaufen zusammenliegen und äußerlich wie innerlich still werden, diese Ruhe breitet sich in der ganzen Gruppe aus und fühlt sich oft an wie eine tiefe Meditation.

Wir erleben Teilnehmer, die nach und nach viel entspannter werden im Kontakt mit anderen, die besser für sich selbst sorgen und viel müheloser Situationen so verändern, dass ihnen wirklich wohl ist. Wir erleben Menschen, die beginnen, sich wieder selbst zu lieben. Menschen, die erleben, dass ihre Berührung für andere eine Wohltat sein kann. Manche erlauben sich wieder, öfters Nein zu sagen, und stellen dann mit Erstaunen fest, wie entspannt ein Ja sein kann. Die Erkenntnis, dass Nähe nicht immer mit Sex zu tun haben muss, ist für viele sehr erholsam. Man erlebt auch, dass es nicht darum geht, zu »haben« oder zu »bekommen«, und dennoch fühlt man sich genährt. Viele erleben Momente von innerem Frieden und Glück. Ein 70-jähriger Teilnehmer hat in einer absichtslosen Berührung zum ersten Mal erfahren, wie sich bedingungslose Liebe anfühlen kann. Und mit der immer tieferen Entspannung breitet sich ein Gefühl von Frieden aus – in jedem Einzelnen, in der Gruppe und auch darüber hinaus.

So bin ich weiterhin ein *Kuschelforscher* – neugierig, welchen Einfluss das Kuscheln auf unser Wohlbefinden (Glückshormone), auf körperliches und geistiges Gesunden (Blutdruck, Allergien, Depressionen, Ängste usw.) und auch auf der seelischen und spirituellen Ebene (Mitgefühl, Verbindung, Urvertrauen) hat. Ich fühle mich sehr beschenkt, wenn am Ende eines Kuschelabends die Teilnehmerinnen und Teilnehmer genährt und glücklich strahlen und diese Fülle und diesen Frieden mitnehmen und in die Welt hinaustragen.

Man muss sein Glück teilen,
um es zu multiplizieren.

Marie von Ebner-Eschenbach

Teil 6:

PRESSEBERICHTE

In den vergangenen Jahren gab es eine kaum noch zu überblickende An- zahl an Medienberichten über Kuschelpartys. Selbst in diversen Fernseh- serien wurde das Thema schon verarbeitet.

Ich hatte eine Reihe von Presseberichten ausgewählt, um sie hier zu prä- sentieren. Leider konnte ich aber nur von einigen wenigen Autoren bzw. Verlagen eine Genehmigung hierfür erhalten. Ihnen sei an dieser Stelle ganz herzlich gedankt.

Das Wunder der Berührung

von Marianne Scherer, »BIO-Magazin« 02/09[51]

Kuscheln tut Körper, Geist und Seele gut. Es baut Stresshormone ab, för- dert die Produktion von Glückshormonen, entspannt und regeneriert. Kuschelpartys gibt es inzwischen auch bei uns.

Kuschelpartys – Der neue Trend

Körperkontakt und Berührung sind ein menschliches Grundbedürfnis. So wichtig wie Atmen, Essen und Trinken. In unserer rationalen, erfolgsori- entierten Welt ist jedoch meist kein Platz für solch einen sensiblen zwi- schenmenschlichen Austausch. Was Berührungen auslösen – und wie sie auch therapeutisch genutzt werden können, zeigt dieser Report.

Jeder Mensch sehnt sich bewusst oder unbewusst nach Zärtlichkeit und Liebe. Wer schon früh in seinem Leben einen Mangel an Berührung erlebt hat, zum Beispiel als Baby oder in der Kindheit, wird sich umso mehr nach

---

51 Dieser Text ist Teil des gleichnamigen Artikel von Marianne Scherer in der Zeitschrift »BIO – Gesundheit für Körper, Geist und Seele« aus dem BIO Ritter Verlag (www.biomagazin.de). Dieser wurde in Heft 02/09 und dann noch einmal im Son- derheft 5, 01/12 veröffentlicht.

körperlicher Nähe sehnen. Doch bei vielen Erwachsenen ist die Fähigkeit, andere Menschen körperlich zu berühren und damit Nähe zuzulassen, im Laufe ihres Lebens verkümmert, selbst wenn sie in ihrer Jugend Körperkontakt und Nestwärme erlebten.

Der Körperkontakt zwischen einem Liebespaar oder etwa zwischen Mutter und Kind gelten als normal und sind gesellschaftlich etabliert. Kaum jemand würde sich darüber wundern. Dagegen sind Berührungen wie Streicheln, Umarmen oder auch nur sich an der Hand fassen zwischen Gleichgeschlechtlichen, egal ob Mann oder Frau, in unseren Breitengraden schon nicht mehr ganz so selbstverständlich.
[…]

Nähe macht glücklich
Eine Berührung, gleich welcher Art, löst im anderen Gefühle aus. Und sie schafft Nähe, sofern man das zulassen kann. Und hier liegt der Hase im Pfeffer: Denn obwohl sich so viele Menschen danach sehnen, ihren Körper in der Berührung zu spüren und damit natürlich auch ihre Seele, gibt es hier ein Defizit. Fast scheint es so, als seien Berührungen gefährlich.
[…]

Dabei sind wir Menschen soziale Wesen, zu deren Grundbedürfnissen Vertrauen, Nähe und Geborgenheit gehören. Will man jemandem das Gefühl der Geborgenheit vermitteln, nimmt man ihn oder sie ganz spontan in die Arme, denn der Körper hat eine ihm innewohnende Weisheit. […] Einen sympathischen Menschen möchte man spontan auch gerne berühren, und gute Freunde und Liebende fallen sich beim Wiedersehen spontan um den Hals. Von unsympathischen Menschen hält man Abstand, da funktionieren die körperlichen Instinkte meist recht gut.
[…]

Dass tatsächlich ein großes Verlangen nach Berührung besteht, zeigt das wachsende Angebot von Körpertherapien aller Art. Man denke nur an die unterschiedlichsten Massageformen wie Ayurveda, Lomi Lomi oder Hot-Stone-Anwendungen.

Kuschelpartys – nicht nur für Singles
Neuerdings sprießen Kuschelpartys wie Pilze aus dem Boden – ganz ohne sexuelle Hintergedanken. Hier können sich wildfremde Menschen näher-kommen. Mittlerweile werden sie in vielen deutschen Städten, aber auch in Österreich und der Schweiz von eigens dafür ausgebildeten Trainern angeboten.
[…]

Wie eine Kuschelparty abläuft
Der Beitrag für ein Kuscheltreffen beträgt etwa 15 Euro. Doch macht »er-kauftes« Kuscheln wirklich glücklich? In jedem Fall ist es bestimmt viel besser, organisiert zu kuscheln und sich dabei rundum wohlzufühlen, als den unerfüllten Wunsch nach Berührung und Kontakt mit Ersatzbefriedi-gungen wie übermäßigem Essen, Trinken oder anderem »ungesunden« Konsum zu kompensieren.

Eine Kuschelparty beginnt mit dem Kennenlernen der Teilnehmer, oft in einem Sitzkreis. Hier verraten sie dann ihre Erwartungen und Wünsche, vielleicht auch ihre Ängste. Danach gibt es Aufwärmübungen wie Spiele oder Tanz mit zur Stimmung passender Musik sowie erste Berührungen, beispielsweise leichte Umarmungen.

Irgendwann, den Zeitpunkt bestimmen die Teilnehmer selbst, geht es auf die bereitliegenden Matratzen zum Kuscheln. […] Die Pärchen bzw. Ku-schelgruppen bilden sich meist sehr schnell, die Chemie muss eben stim-men. Wichtig ist, sich fallen zu lassen, die Kontrolle aufzugeben und den Kopf auszuschalten. Er hat beim Kuscheln nichts zu suchen. Ist erst einmal das Kuschelhormon Oxytocin angekurbelt, das zentrale Steuerungshormon für das Sozialverhalten, das nachweislich auch Stress abbaut, sind die Kuschler so richtig in ihrem Element. Kuscheln statt Sex – in unserer übersexualisierten Gesellschaft scheint dies ein echtes Bedürfnis zu sein!

Was bringt das Kuscheln?
Eingeschworene Kuschler wie auch ihre Trainer singen solche Lobeshymnen auf die Vorteile dieses Tuns, dass auch Skeptiker sich dem kaum verschließen können. So kann man bei Kuschelevents ungezwungen Menschen kennenlernen, Stress abbauen, seine eigenen Grenzen kennen- und respektieren lernen. Aber auch Geborgenheit in einer Gruppe erfahren, Zärtlichkeit und ungezwungenen Körperkontakt erleben. Es gibt keine Verpflichtungen, man kommt und geht einfach. Darin liegt natürlich ein gewisser Reiz. Sind doch alle anderen zwischenmenschlichen Beziehungen, bei denen man sich so nahe wie beim Kuscheln kommt, mit bestimmten moralischen Vorstellungen oder sonstigen Konditionierungen belegt.

Trotz all dieser Pluspunkte gehört dennoch ein gewisser Mut zum Kuscheln mit Fremden. Wer sich aber auf diese ungewöhnliche Erfahrung einlässt, wird auch etwas Neues erleben. Im besten Fall kann man die wunderbare Erfahrung machen, dass man geliebt und akzeptiert wird, genau so, wie man ist. Dass man nicht besonders attraktiv, intelligent oder sonst etwas sein muss, um spontane Zuwendung zu bekommen. Ein unglaublich beruhigendes Gefühl. Im schlechtesten Fall stellt man fest, dass es doch nicht das ist, wonach man sucht. Dann kann man unerkannt und ohne sich rechtfertigen zu müssen seiner Wege gehen, denn Kuschelpartys sind anonym!

Heute schon gekuschelt?

von Claudia Tappeser, »Connection«-Sonderheft I/06[52]

Zum ersten Mal auf einer Kuschelparty

Kuscheln, schmusen, anlehnen, wer mag das nicht? Unsere moderne Lebensweise aber wird immer berührungsärmer. Manchmal vergessen wir dabei, wie gut es tut, einfach zu berühren und berührt zu werden, beieinander zu liegen und sich zu umarmen. Vor einigen Monaten schwappte wieder mal ein Trend über den großen Teich zu uns herüber und fand hier viele Anhänger: der Trend zur Kuschelparty.

Der schöne warme Sommerabend schaffte die beste Voraussetzung dafür, mit meiner Freundin zusammen mal eine dieser Kuschelpartys zu besuchen. Wir fuhren einfach dorthin, eine Anmeldung brauchte es nicht. [...]

Zunächst saßen wir gemütlich in netter Runde zusammen und stellten uns einander vor. Die meisten Teilnehmer waren um die 40 Jahre alt; mindestens die Hälfte war weiblich. [...] Die Anspannung und das bei meiner Freundin sogar etwas mulmige Gefühl ließen immer mehr nach, je besser wir uns kennenlernten.
[...]

Ja und Nein, »Stopp« sagen und »Weiter«
»Spielerisch ›Ja‹ und ›Nein‹ sagen lernen, das ist für viele die weitaus schwerste Übung des ganzen Abends«, sagte der weibliche Coach ver-

---

52 Dieser Artikel von Claudia Tappeser ist erschienen im »Magazin fürs Wesentliche« Connection-Sonderheft I/06 (www.connection.de). Durch ihre Recherche für diesen Artikel inspiriert, wurde sie später selbst aktiv (s. Kapitel »Ihre Hände sind die Verlängerung Ihres Herzens«).

schmitzt. »Ist auf diese Weise die Kommunikation hergestellt, können wir langsam zum Kuscheln übergehen.« Diese Anwärmphase dauerte ungefähr eine Stunde – was wir aber kaum merkten, denn die Zeit verging wie im Fluge. Es gab Rückenmassagen zu dritt und andere kleine Startübungen, die uns die Scheu vor der gegenseitigen Berührung nahmen.
[…]

Mittlerweile waren wir durch die ungewohnten Empfindungen und Ereignisse froh, eine kleine Pause mit Obst, Keksen und gekühlten Getränken zu bekommen. Danach ging es irgendwann tatsächlich mit dem eigentlichen Kuscheln los.

Meine erste Kuschelparty also! Insgesamt ging es über vielleicht zwei Stunden. Zu Beginn bildeten wir eine große Spirale, die langsam immer enger wurde, bis plötzlich alle kräftig durcheinanderpurzelten oder sich sanft auf die gepolsterte Unterlage fallen ließen. Wir hörten harmonische Musik, tanzten, kuschelten nach Lust und Laune oder führten interessante Gespräche. Die Zeit schien sehr langsam zu vergehen, bei manchen sogar stillzustehen. Für mich war es eine vollkommen neue Art, mich zu entspannen.

Unsere Kommunikationstrainer ließen uns nicht aus den Augen. Sie achteten genau auf die Einhaltung der Kuschelregeln und sorgten dafür, dass nach der »Halbzeit« ein Platztausch stattfand. Natürlich stand es jedem frei, jederzeit zu stoppen oder den Kuschelpartner zu wechseln. Das eigene Wohlbefinden stand bei allem, was wir taten, an erster Stelle. Ich war erstaunlicherweise in der Lage, mich rundum locker und beschwingt zu fühlen und meine Gedanken loszulassen, trotz dieser vielen eigentlich fremden Menschen. Komisch. Die guten Gefühle kamen von alleine, und ich konnte mir erlauben, sie in aller Ruhe zu genießen.
[…]

Alles geschah unter respektvoller Anleitung, auch, als es Zeit war, das mittlerweile gebildete Kuschel-Menschenknäuel langsam aufzulösen. Keine so leichte Aufgabe für unsere beiden Coaches! Es fühlte sich doch

so gut an – und was gut ist, das will man doch nicht lassen … Dennoch setzten wir uns schließlich zu einer Feedbackrunde zusammen. Meine Freundin und mich interessierte besonders, warum wir uns plötzlich so glücklich und gut fühlten. Der Kommunikationstrainer wusste dazu auch die Biochemie und die gesundheitlichen Aspekte zu erklären: Serotonin, das man gemeinhin als »Glückshormon« bezeichnet, wird beim Berühren gehäuft vom Gehirn ausgeschüttet. […] Ein Anstieg dieses Hormons wird u. a. bei verliebten Menschen festgestellt, und es hat eine nachweislich positive Wirkung auf die Sexualität. Eine weitere wichtige Rolle in der Zwischenmenschlichkeit spielt als weiteres Hormon Oxytocin. Es wird bei Zärtlichkeiten im Gehirn freigesetzt und hat opiumartige Wirkungen. Sie äußern sich in Euphorie bei gleichzeitiger Beruhigung. Es hat sich gezeigt, dass die Freisetzung von Oxytocin stabilisierend auf eine Beziehung wirkt. Deshalb wird Oxytocin auch als das sogenannte Kuschelhormon bezeichnet. Tests haben gar ergeben, dass dieses Hormon eine Schlüsselposition für die Paarbindung einnimmt, weil es die mütterliche Fürsorge, das Sexualverhalten sowie die soziale Bindungsfähigkeit positiv beeinflusst. Außerdem vermindert Oxytocin Ängstlichkeit und sozialen Stress; d.h. belastende alltägliche Situationen in unserer heutigen Gesellschaft sind bei einer erhöhten Ausschüttung leichter zu ertragen.
[…]

Ein anwesender Mann, Inhaber eines großen Autohauses, berichtete uns, dass er das dritte Mal dort sei und immer lange Zeit von diesen Abenden profitiere. Er fühle sich danach wie neugeboren. Ihm sei aufgefallen, dass seine Stimmung danach mindestens zwei Wochen lang viel ausgeglichener sei. Außerdem fiele ihm der Umgang mit seinen Mitmenschen leichter und sein Leben verlaufe harmonischer.

Mir persönlich war mittlerweile klar, dass ich mich in meinem tiefen Inneren trotz Partner nach kuscheligen Erlebnissen sehnte – wie jeder Mensch. Und wie immer man diese Trendereignisse auch nennen mag, auf jeden Fall sind sie eine Gegenbewegung zur Technisierung unserer Zeit. Da in der modernen Welt immer weniger Platz für echte Emotionen ist, suchen wir nach authentischen, warmen Gefühlen, die glücklich machen. Beim Kuscheln bekommen wir sie.

Mittlerweile war es Zeit zu gehen. Rundherum sahen wir strahlende Menschen verschiedenen Alters und verschiedener Herkunft, die sich freundlich voneinander verabschiedeten, sich fürs nächste Mal verabredeten oder danach irgendwo einen Absacker trinken gehen wollten. Denn das Konzept der Kuschelpartys ist absolut rauch- und alkoholfrei angelegt. Wir haben uns dann einer kleinen, gemischten Gruppe angeschlossen, denn ein kleines Bier durfte nach diesem schönen Abend nun wirklich nicht fehlen.

Das Fazit unseres kleinen Experiments: Diese Kuschelparty sollte nicht unsere letzte sein! Das Kuschelteam hatte es verstanden, einen liebevollen Erfahrungsraum für sehr verschiedene Menschen zu schaffen, die Lust hatten, einander nahezukommen – und dabei zu sich zu kommen. Eine Kuschelparty ist keineswegs etwas Verruchtes, sondern eher eine Art offizieller Ort, um in angenehmer Atmosphäre Berührungen auszutauschen, ohne damit ein längerfristiges Ziel zu verfolgen. [...]

Das Ende der Einsamkeit

von Robert Iwanetz, Zeitjung.de vom 07.03.11[53]

Kuschelpartys in München

Kuscheln, knuddeln, streicheln: Auf Kuschelpartys schmusen wildfremde Menschen – ganz ohne Sex.

Stell dir vor: Du wirst ertastet. Fremde Finger erkunden deinen Körper. Und du tastest selbst. Zaghaft streichelst du Hände, Zehen; wirst mutiger, berührst Rücken, Bäuche und Köpfe. Der Schauer setzt ein. Das Verlangen nach Berührung wird stärker, ein angenehmes Gefühl breitet sich aus.

Wie du bereits weißt, bist du nicht allein. Um dich herum liegen 25 Menschen auf gelben, orange und roséfarbenen Turnmatten. Sie alle sind eng umschlungen. Das Licht ist gedämpft, nur ein paar LED-Ketten leuchten. Die Stimmung ist wohlig und schlaftrunken. Ein Mann stöhnt, es klingt nach Genugtuung.

Keine Angst: Du bist nicht Teil einer Szene aus Pier Paolo Pasolinis »Die 120 Tage von Sodom«. Du bist in einem Tanzstudio mit Dielenboden und einer verspiegelten Wand. Normalerweise lernen Menschen hier Jazz- und Showtänze, aber an diesem Freitagabend liegen die Dinge ein bisschen anders.

Eine der Teilnehmerinnen, sie heißt Annika, erzählt: »Eigentlich wollte ich auf ein Tantraseminar.« Und so ähnlich dürften auch deine Gedanken im Moment sein, oder?

---

53 Dieser Bericht von Robert Iwanetz über die Münchner Kuschelparty am 19.11.10 erschien auf www.zeitjung.de, Deutschlands junger Online-Zeitung, am 07.03.11.

Annika, 26, sieht ein bisschen aus wie Kristen Stewart, die Hauptdarstellerin aus den »Twilight«-Filmen. Sie ist hier, weil sie einen neuen Umgang mit Körperkontakt lernen möchte. Ihr Freund führt eine offene Beziehung, weswegen Annika nun lernen will, sich auf Nähe einzulassen, die nichts mit Beziehungen zu tun hat.

Es ist einer der möglichen Gründe, warum Menschen hierherkommen. Die anderen heißen: Neugier, Einsamkeit, möglicher Singletreff, Unverbindlichkeit, Genuss und Zärtlichkeit. Sie alle führen ins Herz des Münchner Szenebezirks Schwabing – auf eine Kuschelparty.

Bitte, was? Eine Kuschelparty? »Unglücklich übersetzt«, erklärt Kuschelmeister Gerhard, der sonst ähnliche Treffen leitet, heute aber nur Teilnehmer ist. »Aber wie soll man es denn stattdessen nennen?« Ihren Ursprung hatte die Szene in New York, wo 2004 die erste »Cuddle Party« stattfand.

Bereits ein Jahr später folgten die ersten Veranstaltungen in Berlin und München. Allein in der bayrischen Landeshauptstadt gab es zwischenzeitlich vier Anbieter, bei denen man wahlweise auf Matten und im Wasser kuscheln kann, bei denen gerauft oder getanzt wird.

Auch an diesem Abend beginnt die Kuschelparty mit Tanz. Es erklingt Ethno-Musik, die aus dem Auenland stammen könnte, der Heimat der Hobbits, und nach der sich die Teilnehmer bewegen sollen. Das Motto dabei gleicht dem Refrain des Neue-Deutsche-Welle-Hits »Major Tom« von Peter Schilling: »Völlig losgelöst von der Erde«.

Sofort wird deutlich, wer schon öfter hier war und sich dementsprechend gehen lässt, und wer stocksteif dasteht und mit dem eigenen Schamgefühl kämpft. Ralf, einer der männlichen Teilnehmer, verweigert sogar die vollen folgenden 40 Minuten jede Form von Tanzbemühungen.

Nach dem Tanzen besteht die Aufgabe darin, wahllos vor einem anderen Teilnehmer innezuhalten und ihm ein Kompliment zu machen. Was sagt man da? Hübsches Lächeln, starke Ausstrahlung, tolles Körpergefühl? Viele der Antworten lauten so, sie sind Balsam für den Teil der Seele, der Selbstwertgefühl heißt.

Vielleicht soll gerade dieser Part bewusst machen, dass eine Kuschelparty keine »normale« Party, kein Esoterik-Seminar und kein Swinger-Club-Besuch sein soll, sondern ein Ort der Zufriedenheit – ein etwas abwegiges Wellness-Programm, bei dem man keine Reflexzonenmassage bekommt, sondern zusammen einem schamanischen Mantra lauscht und sich etwas wünschen soll. Das Ende der Einsamkeit, zum Beispiel.

»Als ich das erste Mal hierherkam, war ich so ausgehungert nach Nähe, dass mir die Tränen kamen«, erzählt die 49-jährige Cornelia. »Doch dann zu spüren: Ich kann noch fühlen – das war überwältigend.« Heute lebt die Bürokauffrau wieder in einer Beziehung, ihren Freund hat sie auf einer Kuschelparty kennengelernt.

Eine Ausnahme ist Cornelia damit nicht, die Vermittlungsquote der Kuschelpartys ist ähnlich hoch wie auf anderen Single-Veranstaltungen, schätzt Kuschelmeister Gerhard. »Der Unterschied ist nur, dass bei uns jeder zufrieden rausgeht.«

Wie viele Singles es in Deutschland gibt, lässt sich nicht exakt beziffern, nur einkreisen. In den letzten Jahren wurden jeweils rund 200 000 Ehen geschieden, und in fast 40 Prozent der Haushalte lebt nur eine Person – Tendenz steigend.

Jeder Einzelne dieser Menschen sehnt sich nach Zuneigung, doch in unserer Gesellschaft existiert Nähe nur in Kombination mit Beziehungen. »In Deutschland gibt man sich die Hand, oder man geht ins Bett – dazwischen gibt's nichts!«, so Gerhard, der hauptberuflich als Unternehmensberater tätig ist. »Wir probieren, die Lücke dazwischen zu füllen.«

Doch die Vorbehalte sind groß. »Die typische Antwort auf die Frage, ob man zu einer Kuschelparty gehen würde, lautet: Ich kann mir das nicht vorstellen.« Kuscheln sei für die meisten das, was vor und nach dem Sex passiere, sagt der 51-Jährige. »Die Leute reden sich ein: ›Das hab ich nicht nötig‹, und belügen sich selbst damit.« Doch neben den persönlichen, gibt es auch gesellschaftliche Vorbehalte.

Nach den Missbrauchsskandalen am Berliner Canisius-Kolleg und der Odenwaldschule hat das Thema Nähe eine neue Brisanz bekommen. Gerhard, der neben den Kuschelpartys auch »Raufen für Kinder« veranstaltet, spürt das immer öfter.
»Neulich wollte mich vor dem Raufen ein sechsjähriges Mädchen umarmen, weil sie sich freute, mich zu sehen. Und was macht der Sozialarbeiter der Einrichtung? Ermahnt sie sofort: ›Du darfst nicht auf fremde Männer zugehen‹.«

Bereits im Kindesalter würden wir so unseren Kindern eintrichtern, fremde Menschen nicht zu berühren, so der Kuschelmeister, obwohl der Körper das Bedürfnis nach Zuneigung aussende. Es ist genau das, was Annika wieder lernen wollte, als sie sich für die Kuschelparty anmeldete und die 20 Euro Teilnahmegebühr zahlte.

Nun liegt sie auf den Matten. Im Hintergrund läuft reduziertes Chanson, überall wird bereits ausgelassen gekuschelt. Es gibt mehrere Pärchen, ein Dreiergrüppchen und einen großen Haufen. Annika wird mit Cornelia kuscheln und mit Gerhard. Auch mit Klaus, der mit seinen siebzig Jahren der Älteste in der Runde ist. Sie alle mögen aus unterschiedlichen Gründen hierhergekommen sein, doch sie alle genießen die Zuneigung. Für viele wird es nicht die letzte Kuschelparty gewesen sein.

Für Kuschelmeister Gerhard sowieso nicht. Er wird auch Heiligabend hier sein, eine Familie hat er nicht. Stattdessen wird er Weihnachten mit Gleichgesinnten verbringen. Oft seien dies Menschen, die sich bewusst gegen ihre Familie entscheiden, weil es dort nur Streit gäbe. »Wir feiern hier das wirkliche Weihnachtsfest, das Fest der Liebe«, sagt er. Gerhard hat hier eine neue Familie gefunden, in der Abweisung oder gar Streit sehr selten sind – die Welt der Kuschelpartys.

Berührung ist Heilung und Kommunikation

von David Rotter, Sein-Online 2010[54]

In den letzten Jahren hat die Wissenschaft immer mehr über die nonverbale Kommunikation gelernt. Wir wissen nun, dass Menschen überall auf der Welt ein gemeinsames, universelles Vokabular von Stimmlagen und Gesichtsausdrücken teilen und verstehen. Nun ist ein weiterer Aspekt in den Blickpunkt gerückt, der bisher kaum Beachtung gefunden hat: die Berührung.

Zur Überraschung der Forscher wird immer klarer, dass flüchtige Berührungen eine ähnlich große Bandbreite an Emotionen und Signalen transportieren können wie unsere Gesichtsausdrücke. Und je mehr wir über die Berührung lernen, desto klarer wird, dass sie ein offenbar entscheidender Teil unserer Kommunikation ist. Keine andere Art der Verständigung verläuft so schnell und direkt, keine ist uns so unmittelbar nah. Berührung ist die erste Sprache, die wir lernen, und sie bleibt zeitlebens eine unserer reichsten Ausdrucksmöglichkeiten.
[...]

In einer Studie an der DePauw University in Indiana sollten die Probanden versuchen, eine Liste von Emotionen per Berührung an gänzlich unbe-

---

54 Dieser Artikel von David Rotter erschien Anfang 2010 auf www.sein.de: http://www.sein.de/koerper/geniessen-und-erleben/2010/beruehrung-ist-heilung-und-kommunikation.html

kannte Personen zu übertragen, denen die Augen verbunden wurden. Es gelang ihnen, acht verschiedene Emotionen mit 70-prozentiger Genauigkeit zu übertragen. Wurde bisher also angenommen, Berührung hätte lediglich die Funktion, das anderweitig Kommunizierte verstärkend zu unterstreichen, so wurde jetzt erkannt, dass sie vielmehr selbst ein ausdifferenziertes Kommunikationsmittel ist.

Krankenhauspatienten empfinden eine Arztvisite mit Berührung als doppelt so lang wie ohne, nach einer aufmunternden Berührung erzielten Probanden bessere Testergebnisse, die besten Basketballteams sind im ständigen körperlichen Kontakt – es gibt zahlreiche Untersuchungen, welche die erstaunlichen Auswirkungen von Berührung belegen. Aber Berührung ist nicht nur eine eigene Sprache, sie ist auch eine erstaunlich wirksame Medizin.

Liebevolle Berührungen führen zu einer direkten Entspannung beim Berührten und zur Ausschüttung des Hormons Oxytocin, welches Stresshormone abbaut und mit Gefühlen wie Liebe, Vertrauen und Ruhe in Verbindung gebracht wird. Das Gehirn interpretiert solche Berührungen als Zeichen der Verbundenheit und Erleichterung von Sorgen und Problemen. Die Zentren im Gehirn, die für Problemlösungen zuständig sind, entspannen sich unmittelbar nach der Berührung, denn der Körper interpretiert das Berührtwerden als Versprechen: »Ich werde dir helfen« – und entspannt sich. Sanfte Berührung erzeugt unmittelbar Vertrauen und Wohlbefinden, und das weit stärker als jede Form der verbalen Zuwendung.

Die körperlich und psychisch heilende Wirkung von Berührungen, sei es nun Massage oder Kuscheln, ist wissenschaftlich längst erwiesen. Unabhängig vom jeweiligen Krankheitsbild hilft die Körper und Seele entspannende, stress- und angstreduzierende Wirkung der Berührung beim Selbstheilungsprozess. Mittlerweile gibt es zahlreiche Studien, welche dies bei einem breiten Spektrum an Krankheitsbildern bestätigen.
[…]

Eigentlich sind diese Erkenntnisse kaum verwunderlich: Denn die Haut ist unser bei Weitem größtes Organ, Millionen von sensiblen Nervenzellen registrieren selbst kleinste Reize. Über diese Zellen hat Berührung einen direkten Einfluss auf den Hormonhaushalt und das vegetative Nervensystem, wodurch Stress, Ängste und Verspannungen abgebaut werden und Schmerzen und psychosomatische Beschwerden Linderung erfahren. [...]

Auch in der Psychotherapie bekommt Berührung daher einen immer größeren Stellenwert, denn die Verbindung von Körperarbeit mit emotionalen Prozessen führt zu weit besseren Ergebnissen. Die Berührung ist ein wichtiges Kommunikationsmittel und schafft ein Gefühl von Geborgenheit und Vertrauen, in dem sich emotionale Blockaden leichter lösen.

Dass unsere Gesellschaft immer berührungsärmer wird, führt bei vielen Menschen nicht nur zum Gefühl von Einsamkeit, Entfremdung und Hilflosigkeit, sondern dürfte auch für einen nicht unwesentlichen Teil körperlicher und psychischer Probleme mitverantwortlich sein. Für die psychische und körperliche Gesundheit braucht der Mensch Berührung anscheinend fast ebenso, wie er Nahrung benötigt. Erwachsene haben dasselbe Bedürfnis nach Berührung wie Kinder, die diesem noch auf eine natürliche Weise folgen dürfen. Mit fortschreitendem Alter jedoch wird Berührung immer mehr auf den Kontext von Liebesbeziehungen beschränkt – und damit meist auch immer seltener. Viele Menschen erfahren über Jahre hinweg keine einzige liebevolle Berührung.

Mit einem breiten Angebot an Körpertherapien, Massagen und Berührungen, durch neue Ideen wie Free Hugs, Kuschelpartys und Massagetausch wird das »Kuscheldefizit« unserer Gesellschaft nun mehr und mehr geheilt. Wie wichtig und tief greifend die Erfahrung von Nähe für unsere innere Heilung ist, beginnen wir vielleicht gerade erst wirklich zu verstehen.

Interview mit einer Kuscheltrainerin

von Marianne Scherer, »BIO-Magazin« 02/09[55]

Frau Manz, warum sind Sie ausgerechnet Kuscheltrainerin geworden?

Susanya Manz[56]: Weil ich glaube, dass Kuschel- und natürlich auch Rauf-partys dem menschlichen Grundbedürfnis nach direktem authentischem Austausch entsprechen, der in unserer Gesellschaft viel zu kurz kommt. Unsere Teilnehmer haben erkannt, dass Berührungen Zugang zu tieferen Erfahrungen ermöglichen. Zudem kann jeder davon ausgehen, dass die anderen mit derselben Intention da sind. Hier muss man keine Angst vor Ablehnung haben, man ist vielmehr eingeladen, sich näherzukommen.

Laufen Kuschelpartys denn immer harmonisch ab? Welche Probleme kann es geben?

Susanya Manz: Ja, harmonisch in dem Sinne, dass immer wieder Balance und Ausgleich entstehen. Es gibt natürlich Menschen, die lernen müssen, die Grenzen der Mitmenschen nicht zu überschreiten. Die Aufgabe eines Trainers ist es, einzuschätzen, ob jemand eher aggressiv oder zurückhal-tend ist und wie sich der Einzelne in der gesamten Gruppe verhält. Wer geht zum Beispiel eher an den Rand des Raumes, wer gesellt sich zu den anderen.
Es gilt, mit der als aufregend und gleichzeitig auch Angst einflößend er-lebten Situation zurechtzukommen. Mithilfe von Kontakt- und Wahrneh-mungsübungen kann man feststellen, wie der Energiepegel insgesamt

---

55 Dieses Interview entstammt dem bereits zitierten Artikel von Marianne Scherer in der Zeitschrift »BIO – Gesundheit für Körper, Geist und Seele« aus dem BIO Ritter Verlag (www.biomagazin.de). Dieser wurde in Heft 02/09 und dann noch einmal im Sonderheft 5, 01/12 veröffentlicht.
56 Susanya Manz ist Kuscheltrainerin in München. Einen eigenen Beitrag von ihr finden Sie in Kapitel »Ist Kuscheln integral oder bloß präverbal?«.

ist. Wo es beispielsweise Spannungen oder Unsicherheiten zwischen Einzelnen gibt. Ziel ist, ein Wir-Gefühl entstehen zu lassen, das die individuelle Persönlichkeit jedes Teilnehmers berücksichtigt.

Wie sieht es mit Nähe und Distanz unter den Teilnehmern aus?

Susanya Manz: Das bestimmt natürlich jede/-r selbst. Jede/-r Teilnehmer/-in ist aufgefordert, klar zu signalisieren, wo die jeweiligen Grenzen liegen, Nein sagen zu lernen, mittels Gestik und Sprache. Das ist eine Übungssache, denn in unserer Kultur dominiert die gesprochene Sprache, während die Körpersprache vernachlässigt wird.
Bei den beliebten Single-Treffs, den »Speeddatings« beispielsweise, geht es primär um den verbalen Austausch. Es werden innerhalb kürzester Zeit möglichst viele Informationen vermittelt, was oft ein Gefühl der Überforderung hervorruft und Verwirrung hinterlässt. Unser Ansatz ist anders. Für einen echten Kontakt ist entscheidend, ob man jemanden spürt und ob man sich mit diesem Menschen wirklich entspannen kann. Sprache ist dabei überflüssig. Dafür ist der Atemfluss, das sanfte Fließenlassen essenziell.
Wenn wir uns anspannen, etwas anders haben wollen, als es ist, stockt uns der Atem und damit auch die Verbindung zum Hier und Jetzt. Damit geht auch die Verbindung zum Gegenüber verloren. Achtsamer und absichtsloser Umgang mit uns und dem Umfeld schafft eine Atmosphäre, die von Leichtigkeit, Präsenz, Spontaneität, Freude und Mitgefühl getragen ist.

Gibt es auch Spannungen in den Gruppen?

Susanya Manz: Ja, wenn es zwischen den Teilnehmern Dissonanzen gibt, weil zum Beispiel die Erwartungen unterschiedlich sind oder jemand zu fordernd ist. Dann ist es wichtig, sehr sensibel damit umzugehen, sowohl als Trainer als auch als Kuschelpartner/-in. Eine große Chance liegt darin, die eigenen Bedürfnisse ernst zu nehmen, etwas miteinander zu wagen, was undenkbar erscheint.

Hier kann man lernen, mit Zurückweisung umzugehen oder wie man loslassen kann, wenn ein Sättigungsgrad erreicht ist. Es geht um die Sensibilisierung der eigenen Wahrnehmungsfähigkeit. Und dies unter optimalen Bedingungen, da das Gehirn sich im Wohlgefühl für neue Einflüsse öffnet.

Wer kuschelt eigentlich mit wem?

Susanya Manz: Das ist unterschiedlich. Natürlich kuscheln Männer und Frauen miteinander. Doch insbesondere das Kuscheln mit dem gleichen Geschlecht ist heilsam und erweitert den Horizont.

Was passiert, wenn starke Emotionen beim Kuscheln und Raufen hochkommen?

Susanya Manz: Die Trainer müssen das natürlich beachten. Bei einem Kuschel-und-Raufseminar sind immer drei Trainer anwesend, damit auch solche Situationen gut aufgefangen werden können. Zum Beispiel durch ein Gespräch oder eine haltende Berührung. Jedem Gast steht es frei, sich jederzeit zurückzuziehen und zu gegebener Zeit erneut in das Geschehen einzutauchen. Es ist unsere Aufgabe, den Schutz der Intimsphäre zu wahren und notfalls regulierend einzugreifen.

Kuscheln und Raufen – warum bieten Sie beides gleichzeitig an?

Susanya Manz: Ich persönlich finde die Kombination von Raufen und Kuscheln elementar. Das Ursprüngliche und Wilde einerseits und das Sanfte, Zärtliche, Tastende andererseits.
Gerauft wird bei uns paarweise auf dicken Matratzen in drei Durchgängen mit wechselndem Gegenüber. Kontaktaufnahme mittels Augenkontakt mit der Absicht, den Mitmenschen in die Rückenlage zu bringen, schafft Spielraum für das Kräftemessen und ungewöhnliche Begegnungen. Man kann das eigene Aggressionspotenzial erforschen, den individuellen Power-Pool auffüllen. Sich hinterher zu bedanken und zu erleben, dass durch Aggres-

sion kein Schaden entsteht, ist erleichternd und ermutigt, auch im Alltag direkter und entschiedener seine Belange und Interessen zu vertreten.

Kommt das Raufen gut an?

Susanya Manz: Viele Teilnehmer finden es befreiend und belebend, sich gehen lassen zu dürfen und diese Anteile in einem freundschaftlichen Rahmen ausleben zu können. Ich halte es für wichtig, die eigene weibliche und männliche, kriegerische Energie zu spüren. Im Alltag werden wir rundum diszipliniert und haben kaum die Möglichkeiten, richtig wild zu sein. Die Kombination von Raufen und Kuscheln ist eine Chance, sich sowohl aktiv als auch passiv zu erleben. Das Kuscheln danach ist dann durchflutet von Hingabe und Geborgenheit.

Wer kommt zu den Kuschelpartys?

Susanya Manz: Alle, die sich trauen, ganz Mensch zu sein. Die Jüngsten sind um die 20, die Ältesten um die 70. Also eine große Spanne an Lebenserfahrung und Berührungsvielfalt. Das Verhältnis der Geschlechter variiert, in letzter Zeit kommen mehr Männer. Es ist berührend zu beobachten, wie die Solidarität und die Herzlichkeit und damit auch der Stolz auf das Mannsein wachsen. Viele kommen immer wieder, erleben die Kuschelszene als ihre Familie. Andere wiederum kommen nur einmal.

Bei der Schlussrunde, in der jeder seine Erfahrungen teilen kann, fasziniert mich immer wieder der veränderte Gesichtsausdruck der Menschen. Anfangs sind die meisten doch recht verspannt. Vielleicht müde und erschöpft vom Tagwerk oder ansonsten nicht in ihrer Mitte. Durch das Kuscheln und Raufen kommen die Menschen in die Gegenwart und damit bei sich selbst an. Das äußert sich beim Ausklang des Abends in einem weichen, entspannten, meist lächelnden Gesichtsausdruck und in den warmen, geschmeidigen Körpern, die ineinander verschlungen zur Ruhe gekommen sind.

Wie wird man Kuscheltrainer?

Susanya Manz: Wer selbst Gruppen leiten möchte, tut gut daran, sich selbst erst einmal durchzukuscheln. Selbsterfahrung verbunden mit Reflexion in einem Intervisionsteam ist ein erster Schritt. Hilfreich, aber nicht zwingend notwendig, ist ein therapeutischer Hintergrund, um tiefere Prozesse frühzeitig erkennen und deuten zu können. Außerdem sollte man eine Leidenschaft für das Zwischenmenschliche, Lust auf Spontanes haben und furchtlos sein.

Verführung zur Berührung

von Prof. Dr. Gerti Senger, »Kronen Zeitung« vom 05.08.07[57]

Je unsicherer die Welt, desto mehr Geborgenheit wird gebraucht. Wer sie nicht zu Hause hat, sucht sie auswärts.

Wann wurden Sie das letzte mal berührt? Von wem? Wie? War es gut? Leiden Sie unter chronischem Berührungshunger? Oder verkrampfen Sie sich, sobald Sie Körperkontakt haben? Beides höre ich immer wieder: »Streichle mich! Bitte! Drück mich. Halte mich wenigstens …« Die Reaktion der Kuschelmuffel: »Nicht schon wieder. Das macht mich nervös. Es kitzelt. Ich weiß nicht, wo ich anfangen soll.«

Gestehen wir es: Die wenigsten sind große Berührungskünstler. Frauen werden zwar gerne berührt, sind aber ihrerseits nicht sonderlich ausdauernd und einfallsreich, wenn es darum geht, den Liebsten zu streicheln.

---

57 Dieser Artikel der bekannten Wiener Therapeutin und Autorin Prof. Dr. Gerti Senger (www.gerti-senger.at) erschien am 05.08.07 im Rahmen ihrer regelmäßigen Kolumne in der »Kronen Zeitung« (www.kronenzeitung.at).

Wenn Männer streicheln, sehen sie das oft als Auftakt zum Sex. Wird dann nichts daraus, machen viele aus ihrem Frust kein Geheimnis. Enttäuschung auf beiden Seiten. »Du gibst mir keine Wärme!«, sagt sie. »Du erregst mich eben!«, sagt er.

Ohne dass es ihnen bewusst ist, haben Streichelfans und Berührungsmuffel oft etwas gemeinsam – zu wenig Körperkontakt in der allerfrühesten Kindheit. Allerdings gehen sie unterschiedlich mit diesem Defizit um. Der eine jagt der Berührung nach. »Mehr! Noch mehr!« Der andere beschließt: »Brauch ich nicht.« So tut es nicht mehr weh, wenn man nicht kriegt, was man ursprünglich ersehnte …

Kaum ein Tierfilm verabsäumt zu zeigen, wie sich Säugetiere aneinanderkuscheln, Fohlen an die Mutter schmiegen, Bärenjungen im Pelz der Mutter verkriechen. Wir sind Tiere ohne Fell, daher ist auch für uns Körperkontakt ein Grundbedürfnis. Langusten und Tintenfische haben dieses Bedürfnis nicht. Der Vorwurf »Du bist kalt wie ein Fisch« ist gar nicht so unpassend.

Im Idealfall wird das Bedürfnis nach Zugehörigkeit, Wärme, Schutz, Vertrautheit und Sicherheit erst in der Familie und später in einer Liebesbeziehung erfüllt. Einsamen Großstädtern wird seit Kurzem körperliche Nähe auf »Kuschelpartys« angeboten. Im Internet wimmelt es nur so von Kuschelportalen, Einladungen zu Kuschelfesten und Kuschelpartys. Knuddeln, Drücken und Halten mit Menschen, denen man vorher noch nie begegnete? Warum nicht. Es geht nicht um Sex, sondern darum, mangels Familie oder Partnerschaft die Geborgenheit und Nestwärme der Urhorde zu erleben. »Kein Sex – nur Kuschelenergie«, so lautet die Devise der Kuschelpartys.

Seien Sie glücklich und dankbar, wenn Sie jemanden zum Drücken und Halten haben, aber belächeln Sie die Kuschel-Konsumenten nicht. Körperliche Nähe bedeutet nicht nur Geborgenheit und Berührungsbehaglichkeit, sogar eine heilende Wirkung ist erwiesen. Durch Neuropeptide wird die Wundheilung beschleunigt, das krank machende Stresshormon Cortisol wird heruntergeregelt und die Oxytocin-Ausschüttung angeregt, die fit und widerstandsfähig macht.

Körperkontakt ist das Vitamin C des Beziehungsmenschen, Urlaub für die Organsysteme und Antidepressivum gleichermaßen. Berufs-Berührer wie Friseure und Masseure wissen ein Lied davon zu singen. Natürlich, gekaufte Nähe ist nicht das Wahre. Aber immer noch besser als gar keine Nähe. Also: volle Zustimmung! An Sexentzug kann man sich gewöhnen, an ein Berührungsmanko nicht.

Ein Geist, der ehrgeizig, habgierig und neidisch ist, ein Geist, der mit Glauben und Tradition belastet ist, ein Geist, der skrupellos ist und Leute ausbeutet – ein solcher Geist richtet mit seinen Handlungen offensichtlich Unheil an und bringt eine Gesellschaft hervor, die voller Konflikte ist. Solange der Geist sich nicht selbst versteht, können seine Handlungen nicht anders als zerstörerisch sein, solange der Geist keine Selbsterkenntnis hat, muss er Feindseligkeit hegen. Deshalb ist es wesentlich, dass Sie sich selbst erkennen und nicht nur aus Büchern lernen. Kein Buch kann Ihnen Selbsterkenntnis beibringen. Ein Buch mag Ihnen Informationen über Selbsterkenntnis vermitteln, aber das ist nicht dasselbe, wie sich selbst in Aktion zu erkennen. Wenn der Geist sich selbst im Spiegel der Beziehung sieht, entsteht aus dieser Wahrnehmung Selbsterkenntnis. Und ohne Selbsterkenntnis können wir dieses Durcheinander nicht aufräumen, dieses schreckliche Elend, das wir über die Welt gebracht haben.

Krishnamurti

SCHLUSSWORT

Wir sind am Ende unserer Reise (und dieses Buches) angekommen. Wir haben gesehen, dass unser ganzes Leben, unsere Gesundheit, unser Wohlbefinden, unsere Zufriedenheit und unser Glücklichsein von dem dynamischen Gleichgewicht zwischen Glücks- und Stresshormonen in unserem Körper bestimmt wird. Und wir haben ein Phänomen kennengelernt, mit dessen Hilfe wir dieses Gleichgewicht positiv beeinflussen können. Dieses ist natürlich nicht die einzige Einflussmöglichkeit, aber eine sehr einfache und eine sehr wirksame.

Vielleicht konnten Sie einen kleinen Einblick gewinnen in die Welt der Kuschelpartys und der »Kuschelenergie«. Vielleicht ist auch Ihre Neugier geweckt, sich noch tiefer mit diesen Themen zu beschäftigen. Wenn Sie Wissenschaftler/-in in einer geeigneten Disziplin sind, so lade ich Sie ein, diese »Neue Welt« mit Ihren Mitteln und in Ihrem Sinne zu erforschen. Die Menschheit wartet auf Ihren Beitrag.

Auf jeden Fall möchte ich Sie einladen, diese Welt für sich ganz persönlich zu entdecken. Fassen Sie sich ein Herz, und lassen Sie sich auf eine Erfahrung ein, die in einem Buch nur unvollkommen beschrieben werden kann. Sie werden es nicht bereuen. Zumindest werden Sie hinterher aus eigener Anschauung berichten können, worüber Sie hier nur gelesen haben, und Sie werden sich Ihre eigene Meinung bilden können.

Auch wenn Sie dann feststellen sollten, dass Kuscheln vielleicht doch nicht Ihr Weg ist – vielleicht können die in diesem Buch vermittelten Einblicke Ihnen dabei helfen, ein glücklicheres und zufriedeneres Leben zu führen, gemeinsam mit den Menschen in Ihrer Umgebung. Denn ohne die, allein und nur auf sich gestellt, ist es für ein soziales Wesen wie den Menschen verdammt schwer, glücklich zu sein.

Gemeinsam glücklich zu sein
ist ein ganz natürlicher Zustand.
Genießen Sie es, sich daran zu gewöhnen.

ÜBER DEN AUTOR

Gerhard Schrabal, geboren 1960, ist ein Kuscheltrainer der ersten Stunde. An der Entwicklung der deutschen und insbesondere der Münchner Kuschelparty-Szene hatte und hat er maßgeblichen Anteil. Seit vielen Jahren entwickelt er innovative Ansätze zu den Themen individuelle Persönlichkeitsentwicklung, zwischenmenschliche Kommunikation und bewegende Gruppenerfahrungen.

Zunächst studierte er Elektrotechnik (Dipl.-Ing.) und Internationales Management (MBA) und war in führenden Unternehmen in Beraterpositionen tätig. 1995 machte er sich als Coach und Trainer mit seiner eigenen Firma selbstständig.

Im Rahmen seiner Arbeit entdeckte er u.a. das Thema Raufen als Mittel der Bewusstwerdung und der direkten Kommunikation. Seit 1996 leitet er verschiedene Workshops und Events zu diesem Thema: spielerisch, reflektierend, sinnlich, spirituell – und stets in einem sicheren Rahmen, der von liebe- und respektvollem Umgang miteinander geprägt ist. 2004 gründete er mit anderen die Rauf-Akademie München.

Seit 2013 ist er außerdem als spiritueller Lehrer beim »Forum Erleuchtung« aktiv. Sein Anliegen dort ist, die intellektuellen Diskussionen durch unmittelbare emotionale und körperliche Erfahrungen zu bereichern. Sein Hauptaugenmerk liegt dabei auf der entstehenden Gruppenenergie, einem Feld von sehr hoher Intensität, das der in diesem Buch beschriebenen »Kuschelenergie« nicht unähnlich ist.

Nähere Informationen unter: www.gerhard.schrabal.de